Uwe Lang | Klaus Haidorfer | Martin Blaschke

DIE SPARER FIBEL

Uwe Lang | Klaus Haidorfer | Martin Blaschke

DIE SPARER FIBEL

Alle Tipps und Tricks,
um Geld richtig anzulegen

FBV

Bibliografische Information der Deutschen Nationalbibliothek

Die Deutsche Nationalbibliothek verzeichnet diese Publikation in der Deutschen Nationalbibliografie. Detaillierte bibliografische Daten sind im Internet über **http://dnb.d-nb.de** abrufbar.

Für Fragen und Anregungen:
info@finanzbuchverlag.de

2. Auflage 2015

ein Imprint der Münchner Verlagsgruppe GmbH,
Nymphenburger Straße 86
D-80636 München
Tel.: 089 651285-0
Fax: 089 652096

Redaktion: Ulrike Kroneck
Korrektorat: Desirée Šimeg
Umschlaggestaltung: Kristin Hoffmann, München
Satz: Georg Stadler, München
Druck: Konrad Triltsch GmbH, Ochsenfurt
Printed in Germany

ISBN Print 978-3-89879-873-0
ISBN E-Book (PDF) 978-3-86248-598-7
ISBN E-Book (EPUB, Mobi) 978-3-86248-599-4

Inhalt

Einleitung

Sparer müssen sich nun schon seit einigen Jahren mit einem Phänomen herumschlagen, das sie früher nicht kannten: Es gibt keine nennenswerten Zinsen mehr auf ihr Anlagevermögen! Und nicht nur das. Sie müssen sich auch Sorgen machen, ob ihr Geld, das sie auf einem Bankkonto liegen haben, noch sicher ist vor Zugriffen durch den Staat. Denn es geht das Gerücht um, dass der Staat auf hohe Geldbeträge zugreifen könnte, etwa um den Euro zu retten. Oder dass die Hausbank selbst zahlungsunfähig wird oder verpflichtet wird, sich mit allen Bankeinlagen an der Rettung maroder Banken zu beteiligen.

Können Sie überhaupt noch jemandem vertrauen, oder werden Sie von allen Seiten nur noch abkassiert?

Sollen Sie Ihr Vermögen in Gold oder in Immobilien investieren oder gar alles ins Ausland schaffen, um es zu schützen? Oder lauern auch da Gefahren, die zu beachten sind?

Warum können Sie nicht mehr so einfach wie früher in Lebensversicherungen oder Sparverträge investieren, um für das Alter vorzusorgen?

Das vorliegende Buch soll Ihnen das nötige Fachwissen vermitteln, um mit allen möglichen Formen der Geldanlage sachgerecht umzugehen, Gefahren rechtzeitig zu erkennen und mit Ihren Bankberatern auf Augenhöhe reden zu können.

Vor allem werden Sie mit dem Aktienmarkt vertraut gemacht. Nach dieser Lektüre werden Sie wissen, wann Sie in diesen Markt einsteigen können, aber auch, wann Sie aussteigen müssen. Dabei werden keine Fachkenntnisse vorausgesetzt, und wir haben Wesentliches von Unwesentlichem getrennt. Jeder, der über einen gesunden Menschenverstand verfügt, wird sich mithilfe dieses Buchs mühelos zurechtfinden. Und wir, die Verfasser dieses Buchs, sind Ihnen auch gerne behilflich, wenn Sie Fragen haben (www.boersensignale.de). Unser Ziel ist der mündige Anleger, der selbst entscheiden kann, was für ihn und sein Geld gut ist. Wir wünschen angenehme und vergnügliche Lektüre!

Uwe Lang

Klaus Haidorfer

Martin Blaschke

1. Die Sicherheit bei der Geldanlage

Sie lesen in diesem Kapitel, ob Sie den Zugriff auf Ihr Konto durch den Staat oder gar die eigene Bank befürchten müssen, ob Sie Geld lieber zu Hause lagern oder im Ausland anlegen sollten, welche Geldanlage rentabel ist und was Menschen davon abhält, ihr Geld wirklich rentabel anzulegen.

1.1 Die heutige Lage ist außergewöhnlich kompliziert

Die Privatanleger sind verunsichert und risikoscheu geworden. Sparbücher, Festgeldanlagen und Tagesgeldkonten bringen keine Zinsen mehr. Eine immer größer werdende Zahl von Anlegern hortet inzwischen am liebsten Bargeld als »sichere Kapitalanlage« oder gibt das Geld einfach für Konsumgüter aus. Aber auch der Kauf von Wohnungen und Häusern ist beliebt. Doch die Preise von Immobilien wurden inzwischen erheblich angehoben, vor allem in Ballungsräumen. In den 125 größten deutschen Städten sind die Immobilienpreise im Jahr 2013 gegenüber 2012 um 6,25 Prozent gestiegen. Seit 2010 ist das ein Anstieg um 20 Prozent!

Laut Lehrbuch müsste das Kapital eigentlich dahin wandern, wo die höchsten Renditen zu erzielen sind. Hier konkurrieren in der Regel der Anleihemarkt und der

Aktienmarkt. Konnte man früher noch darüber diskutieren, ob beim Aktienmarkt nur die ausgeschütteten Dividenden als Rendite gelten sollten oder der Jahresüberschuss – der ja meist das Doppelte beträgt –, so muss man heutzutage darüber nicht mehr streiten. Denn inzwischen liefert der Anleihemarkt nur noch ganz schmale Renditen oder – bei kurzfristigen Anlagen bis zu drei Jahren – überhaupt keine Rendite mehr. Deutsche zweijährige Bundesanleihen bieten inzwischen absurderweise sogar eine negative Rendite! Das bedeutet, dass der deutsche Staat sogar Geld verdient, wenn er sich jetzt möglichst hoch verschuldet!

Über die eifrigen Angebote der Sparkassen und Banken, die sich bemühen, ihre Kunden mit wohlklingenden Namen wie »Wachstumssparkonten«, »SparDirekt-Plänen«, »Bonussparplänen« und »AuszahlPlan-Konten« zu ködern, kann man nur lachen, wenn man sich die Renditen um 0,5 Prozent bis höchstens 1,8 Prozent ansieht. Und das gilt selbst für Anlagen von vier Jahren und mehr, die den Nachteil haben, dass die Sparer an ihr Geld in der Zwischenzeit nicht mehr herankommen.

Aktien hingegen bieten ansehnliche Dividendenrenditen. Als »Dividenden« bezeichnet man die Ausschüttungen der Unternehmen an ihre Teilhaber, die Aktionäre. Im Schnitt entsprechen sie etwa der Hälfte des Jahresgewinns eines Unternehmens. Die andere Hälfte soll in Investitionen fließen.

Dass Dividendenpapiere am Aktienmarkt eine höhere Rendite einbringen als die Bundesanleihen am Kapitalmarkt, hat es in Deutschland nach dem Zweiten Weltkrieg bis vor wenigen Jahren nicht gegeben. Wer also ausschließlich auf mündelsichere Papiere setzen möchte, befindet sich heutzutage in einem Anlagenotstand.

Freilich könnte man auf italienische oder spanische Anleihen ausweichen, oder auf zweitrangige Unternehmensanleihen, die noch Renditen um 5 Prozent bringen. Aber das Risiko von Zahlungsunfähigkeit ist hier nicht auszuschließen, selbst wenn man nicht der Ansicht ist, dass Europa auf eine Hyperinflation zusteuert, wie manche Anlagemagazine vermuten.

Zudem löste der Fall Zypern im Frühjahr 2013 massive Ängste aus. Um die dortigen Banken zu retten, mussten auch vermögende Privatkunden, die über hohe Konten verfügten, mit zur Sanierung beitragen, wenn das jeweilige Vermögen mehr als 100 000 Euro betrug. Dies hatte allerorten Besorgnis ausgelöst, weil es von manchen Verantwortlichen als Vorbild für weitere Problemfälle in Europa gelobt worden war.

Man fragte sich in Mitteleuropa, ob das nicht erst der Anfang sei. »Wenn ein Staat so ungeniert auf Sparkonten zugreifen kann, wann trifft das dann uns? Ist mein Geld denn jetzt noch sicher, könnte meine Bank nun schon allein durch Gerüchte in die Enge getrieben werden?«, fragten sich viele. »Und soll ich mein Konto nun sicherheitshalber zu einer großen Bank verlegen, oder lieber gleich einen Großteil in Aktien umschichten, auf die der Staat keinen Zugriff hat?«

Nun, der Zugriff auf die Kleinsparer wurde wieder rückgängig gemacht. Aber die Panik blieb. Wie sollte es weitergehen?

Der Vorwurf, man sei mit Griechenland weit schonender verfahren als 2013 mit Zypern, weil man in Zypern viele ausländische Flucht- und Schwarzgelder von Reichen aus Russland und Griechenland treffen wollte, ist nicht von der Hand zu weisen. Mit dem beliebten Finanzplatz Nikosia ist es wohl vorbei. Verständlich, dass sich die zyprische Regierung gerade ihn erhalten wollte! Es war ein Pokerspiel.

Aber wie sollen Sie Ihr Geld künftig anlegen? Auch die früher beliebten und sicheren Bundesanleihen haben eine viel zu niedrige Rendite. Gold fällt seit einigen Jahren. Die Aktien sind zwar seit 2009 bis zum Erscheinen dieses Buches (2014) wieder gestiegen. Aber sind die Kurse nicht schon zu hoch? So fragen sich viele. Droht da nicht ein plötzlicher Absturz? Schon ein Gerücht über Explosionen im Weißen Haus in Washington sorgte 2013 kurzfristig für deutliche Kursrückgänge, ehe sich das Ganze als Falschmeldung herausstellte.

Und immer wieder gibt es Kriege und Konflikte. Die Luftangriffe Israels auf Syrien 2013 und die Auseinandersetzungen zwischen Russland und der Ukraine 2014 sorgen auch für Nervosität. Was wird geschehen, wenn es zu einem Krieg zwischen Israel und dem Iran kommt?

Freilich kann immer etwas Unerwartetes passieren. Die Erde kann auch von einem Asteroiden getroffen werden. Aber es hilft nicht, sich deshalb ständig Sorgen zu machen oder zu glauben, das Vermögen sei heute in bar »sicherer« als in Sachwerten wie Aktien. Was tun Sie mit Bargeld? Sie müssen es anlegen. Doch welche sinnvollen Anlagen außer Aktien gibt es im Moment? – Keine, außer vielleicht der selbst genutzten Immobilie.

Manchmal wäre es für die Anleger besser, sie achteten nicht zu sehr auf Wirtschaftsnachrichten. Denn vieles wird von den Medien aufgebauscht.

Es gibt eine interessante Studie, in der man zwei Anlegergruppen ein Börsenjahr aus der Vergangenheit nachspielen ließ. Die eine Gruppe wurde mit sämtlichen Börsendaten, Nachrichten und Ereignissen aus jener Zeit versorgt. Die zweite Gruppe erhielt nur Börsendaten sowie Charts (Kurskurven), sonst nichts. Aber diese Gruppe gewann das Spiel haushoch. Es stellte sich heraus, dass sich die erste Gruppe vom Weltgeschehen und der Berichterstattung in den Medien in ihren Anlageentscheidungen zu sehr hatte beeinflussen lassen. Was für die Börse wichtig ist, wird oft falsch eingeschätzt.

Was zunächst die Frage nach der Sicherheit des Geldes auf einem Bankkonto betrifft, so mag es ja recht heilsam sein, wenn sich wieder mehr Menschen im Klaren darüber sind, dass sie ihr Geld im Grunde nur an die Bank verleihen. *Gesetzlich* gesichert sind nur Sparguthaben bis zu einer Summe von 100 000 Euro. Die Staatsgarantie der deutschen Bundesregierung vom Oktober 2008, dass sämtliche Einlagen der Sparerinnen und Sparer sicher seien, war letztlich ein politisches *Versprechen*. Es sollte verhindert werden, dass alle Bürger aus Angst ihr Geld von den Konten holen, was ja kein Bankensystem überleben kann. Daher gibt es aber freilich auch keinen Grund, dass diese Garantie auf ewig gelten sollte!

Was aber ist sicher? In einer Inflation sind Sachwerte am sichersten, also Immobilienbesitz, Edelmetalle, eventuell auch Aktien von Weltkonzernen, keinesfalls aber Anleihen, Tagesgeld und Festgeld. In einer Deflation, die durch Preisverfall, Konkurse, Unternehmenszusammenbrüche, hohe Arbeitslosigkeit und materielle Not geprägt ist, sind Bargeld, landwirtschaftlicher Grundbesitz und Lebensmittel das kostbarste Gut.

Da zumindest in Europa derzeit weder Inflation noch Deflation direkt drohen, aber als Gefahrenquellen durchaus im Hintergrund stehen, ist es nicht einfach, Vermögen so zu platzieren, dass es auch unerwarteten Wendungen in der Zukunft gerecht wird.

1.2 Woher kommt die Skepsis gegenüber Aktien?

Was ist da passiert? Warum greifen die Anleger nicht zu und kaufen dividendenstarke Aktien? Funktioniert der Markt nicht mehr?

Es kann durchaus Gründe geben, trotz hoher Renditen keine Aktien zu kaufen. Denn die Dividenden sind ja nicht garantiert. Es könnte eine Zeit kommen, in der kaum mehr Gewinne bei den Unternehmen geschrieben werden, zum Beispiel bei heftigen Konjunkturschwankungen, die es ja in der Vergangenheit immer wieder gegeben hat. Dann können auch die Dividenden ausfallen.

Ein Kriegsausbruch zwischen Israel und dem Iran könnte die Kurse der Aktien einbrechen lassen. Oder die Euro-Zone könnte auseinanderfallen. Was passiert dann mit dem Schweizer Franken, der sich seit fast einem Jahr fest an den Euro gekettet hat?

Die Anleger haben einfach genug von den heftig schwankenden Aktienkursen bei einem DAX zwischen 4000 und 10 000 Punkten in den letzten zehn Jahren. Sie wollen Sicherheit und nervenschonende Anlagen, selbst wenn sie keine Rendite bringen. Das ist verständlich. Freilich kann man mit Sicherheit schon heute vorhersagen, dass sich diese Einstellung wieder grundlegend ändern wird, wenn der DAX über die 10 000-Punkte-Marke noch weiter steigt. Dann wollen alle wieder unbedingt Aktien haben und sehen im Unterschied zu den Zeiten im September 2011 (DAX bei 5500 Punkten) darin überhaupt kein Risiko mehr.

Aber abgesehen davon, dass solche Einstellungen zwar menschlich verständlich, aber nicht logisch sind, sollte man ab und zu die Anleger auch daran erinnern, dass auch Bargeld keine sichere Sache ist. Denn Deutschland hat im 20. Jahrhundert schon zweimal Inflationen erlebt (1923 und 1948), in denen Bargeld nichts mehr wert war, Aktien als Unternehmensbeteiligungen aber sehr wohl noch!

»Habe den Mut, dich deines eigenen Verstandes zu bedienen«, hat der Philosoph Immanuel Kant einmal geschrieben. Übertragen auf die heutige Zeit bedeutet das, sich nicht von Stimmungen und Ängsten leiten zu lassen, sondern ausschließlich von sachlichen Erwägungen.

Eines der wichtigsten Kriterien eines Anlegers sollte die Berechnung des »fairen Wertes« eines Aktienindex sein. Ist der DAX derzeit gerade sehr hoch oder sehr tief, auch wenn er in der Vergangenheit in beide Richtungen übertrieben hat? Damit werden wir uns im Kapitel über »faire Preise« bei den Aktienindizes näher beschäftigen.

Trotzdem bleibt die Frage, woher der große Pessimismus kommt, der die Märkte zwischen 2008 und 2013 so belastete. Vermutlich hat das negative Trommelfeuer der Medien über »hohe Schuldenlasten«, »Staatspleiten«, »drohende Zusammenbrüche von Banken« und die Uneinigkeit der Politiker bei »Rettungsmaßnahmen« die tiefgreifende Unsicherheit in der Bevölkerung verstärkt, die noch aus den Zeiten der Pleite des »Neuen Marktes« (2001) und der US-Hypothekenkrise mit dem Konkurs der Bank Lehman Brothers (2008) stammt. Im Grunde handelt es sich um eine große Vertrauenskrise. Und der Kampf der Medien um die Aufmerksamkeit der Leser führt eben zu (meist negativen) Übertreibungen, die aber keine vernünftige Basis für Anlageentscheidungen sein können.

Sonst ist die Wahrscheinlichkeit ja bekanntlich sehr hoch, dass man bei allgemein guter Stimmung zu Höchstkursen kauft und dann in Panik zu Tiefstkursen verkauft. Obwohl im Grunde längst bekannt ist, dass man Aktienkäufe gerade dann in Betracht ziehen sollte, wenn die Stimmung mies ist und die Realwirtschaft am Boden liegt.

Aktien mit ihren für den normalen Beobachter unergründlichen Kursbewegungen zeigen sich oft als stark risikobehaftet. Außerdem gelten Besitzer von Aktien für viele Mitbürger immer noch als geldgierige Spekulanten, denen man nur alles Schlechte wünschen kann.

Aber erfahrene Anleger wissen: je schlechter die Stimmung, desto größer das Kurspotenzial. Denn wer negativ gestimmt ist, hat bereits verkauft oder liegt in Warteposition. Es ist eine Minderheit, die mit ihrem Aktienengagement an ihre persönliche Höchstgrenze gegangen ist.

Bleibt nur die Frage, wann endlich die Anleger bemerken, dass es keine andere Geldanlage mehr gibt, die mit Aktien konkurrieren kann? Es ist unglaublich, wie viele Menschen noch der Meinung sind, dass zum Beispiel Lebensversicherungen eine bessere Geldanlage wären. Sie werden ein böses Erwachsen erleben! Denn die Minizinsen, in denen Lebensversicherungen derzeit anlegen, bringen kaum Rendite, zumal ein Großteil des angelegten Geldes den Versicherungen selbst und deren Vertretern in die Taschen fließt.

Die Diskrepanz zwischen den Ängsten in der Bevölkerung und dem Geschehen an der Börse zeigt erneut, dass man als Anleger eine gewisse Distanz zu den Schlagzeilen und Expertenanalysen in den Medien halten sollte.

Doch woher soll man wissen, ob der Tiefpunkt zu einem gegebenen Zeitpunkt tatsächlich erreicht ist, oder ob es nicht doch noch viel weiter abwärtsgehen wird?

Wenn man sich in einer solchen Situation als Privatanleger nicht an einem bewährten System orientieren kann, bleibt man ein Spielball all der unzähligen Analysen und Prognosen von meist noch nicht einmal unabhängigen Experten. Und wenn man versucht, sich einzig am Trend der Märkte zu orientieren, führt ja auch dies schnell zu Fehlentscheidungen. Sobald es etwa zu kurzfristigen Schwankungen kommt, ist die Gefahr einfach sehr hoch, viel zu früh zu verkaufen.

Selbst die Frage, ob ein Kursniveau überhaupt angemessen ist, lässt sich mit dem Kursverlauf eines Index oder einer Aktie gar nicht beantworten. Denn es sind ja nicht nur die Medien, die übertreiben. Nein, auch die Märkte selbst übertreiben – wenn man fundamentale Unternehmensdaten und »faire« Kurse als Maßstab anlegt.

2. Die Beratung

Sie lesen in diesem Kapitel etwas über Bankberatung, Vermögensverwaltung, über die Berichterstattung der Medien und über die Quellen, aus denen Anleger ihr Wissen beziehen – und was davon zu halten ist.

2.1 Ein paar grundlegende Ratschläge

Früher galt der »Bankbeamte« als der Fachmann, an den man sich zu wenden hatte. Man glaubte, er wisse, wann es Zeit sei, Aktien, Anleihen oder Gold zu kaufen. Und man glaubte, der Mann von der Bank werde einem schon sagen, welches im Moment die richtige Geldanlage sei.

Allmählich wurde aber klar: Die Mitarbeiter der Banken sind Verkäufer. Sie verkaufen Kredite, manchmal auch Versicherungen, bringen gern die hauseigenen Fonds an den Mann oder an die Frau. Jedenfalls vertreten sie die Interessen der Bank und nicht die des Anlegers. Spät, zu spät, erkannten die Banken schließlich, dass sie vom Vertrauen ihrer Privatkunden leben, aber zurzeit gerade dabei sind, dieses Vertrauen restlos zu verspielen.

Außerdem ist es nicht die Aufgabe einer Bank, ihren Kunden mitzuteilen, wenn sie sich von einer Geldanlage wieder trennen sollten – selbst wenn sie es wüsste. Wer so etwas will, muss sich an eine Vermögensverwaltung wenden. Die wird zwar teilweise auch von Banken angeboten, aber nicht kostenlos. Und auch Vermögensverwalter sind keine Hellseher. Sie wissen nicht mehr als Sie sich selbst durch Beobachtung von einigen Details, die in diesem Buch beschrieben werden, aneignen können.

Die meisten Anleger wie auch ihre Bankberater verhalten sich wie eine Herde Schafe, die von aktuellen Nachrichten und Gefühlen hin und her gerissen wird. Es wäre völlig anders, wenn die Anleger mit System arbeiten würden.

Wichtig ist zunächst einmal die Einschätzung des Risikos: Was können Sie sich bei Ihrem Einkommen, bei Ihrem Lebensalter und bei zukünftigen finanziellen Belastungen eigentlich erlauben? Wenn Sie zum Beispiel Gold oder Aktien kaufen, sollten Sie dieses Kapital mehrere Jahre nicht zum Lebensunterhalt benötigen.

Wenn Sie fähig sind, sich um das Börsengeschehen zwei Wochen lang nicht zu kümmern, dann haben Sie nicht zu riskant investiert. Außerdem brauchen Sie Disziplin, bei der für richtig erkannten Strategie zu bleiben, und auch Geduld. Da Gier und Angst die Preise der Aktien bestimmen (soll der berühmte J. M. Keynes gesagt haben), sollten Sie sich selbst von diesen Gefühlen frei machen.

Meiden Sie Hebelzertifikate und Optionen, auch wenn sie Ihnen Ihr Berater empfiehlt. Kaufen Sie weder Aktien- noch Anleihefonds, und auch keine offenen oder geschlossenen Immobilienfonds. Da verdienen zu viele Leute an Ihnen mit, ebenso bei Lebensversicherungen. Ihre Rendite (zum Begriff Rendite siehe das Kapitel 5) ist dann viel zu schmal.

Vorsicht auch vor »heißen Tipps« durch Freunde und Bekannte oder angebliche Spezialisten. Denn was die wissen, ist an den Weltbörsen längst bekannt.

Hier ein Beispiel:

> Ende der 1990er-Jahre hatte man heftige Verluste erlitten, als man sich von einer neuen Technologie, dem Internet, dazu hinreißen ließ, jeden Pfennig in Aktien von Unternehmen zu stecken, die nur das Wort »com« oder »net« im Namen führten. Das konnten noch so fragwürdige Unternehmensmodelle sein: Skepsis war damals einfach nicht gefragt. Man hätte ja etwas verpassen können! Und so stieg man im Frühjahr 2000 zu Höchstkursen ein, obwohl die betreffenden Aktien Kurs-Umsatz-Verhältnisse von 60 und mehr aufwiesen. (Wie wichtig die Bestimmung von Kurs-Umsatz-Verhältnissen ist, beschreiben wir in einem späteren Kapitel.) Das Ende ist bekannt: 2001/2002 hatten solche Aktien oder Spezialfonds für den »Neuen Markt« 90 Prozent ihres Kurswertes verloren.

2.2 Nanotechnologie

Fünf Jahre später bekamen viele Anleger glänzende Augen, wenn sie das Wort »Nano« hörten und diese Vorsilbe im Namen eines Unternehmens auftauchte. Es hieß, dies sei *die* neue Wachstumsbranche, bei der man unbedingt dabei sein müsse. Mit ihrer Hilfe werde man Autoreifen herstellen, die keinen Platten mehr haben, kleine intelligente Chips würden unsere Blutgefäße nach Krebszellen absuchen und vieles mehr. Nano sei *die* Zukunftstechnologie des 21. Jahrhunderts.

In der Tat ist Nanotechnologie ganz wichtig. Es geht hier um die Entwicklung neuartiger, extrem reibungsarmer Oberflächenmaterialien und winzig kleiner chemischer Katalysatoren sowie elektronischer Apparaturen. Auch in der Biotechnik ist diese Technologie einsetzbar. Aber sie ist keine eigenständige Branche und schon gar nicht durch irgendwelche Namen von Firmen repräsentiert. Sondern sie findet in einer Vielzahl von Unternehmen und Branchen Anwendung, diesseits und jenseits des Atlantiks. Siemens, BASF, Daimler, VW und viele andere Unternehmen, auch mittelständische, wenden sie längst an.

Aber einige Fondsmanager, Berater und leider auch Journalisten taten nun so, als ginge es hier um eine neue Branche und sorgten bei Anlegern für Euphorie. Und sogleich benannten sich einige Unternehmen um, so wie es seinerzeit in der Internetboomphase vorgemacht worden war, um zu verdeutlichen, dass die Firma einer Zukunftsbranche angehöre und dieser Umstand durch eine Verfünffachung des Aktienkurses belohnt werden sollte. Auch Großbanken waren zur Stelle, die ebenfalls von dem Nano-Boom profitieren wollten und eilends Fonds oder Zertifikate mit entsprechender Namensgebung auflegten: Die WestLB und Credit Suisse First Boston versuchten es mit einem Nano-Zertifikat. Merrill Lynch fasste 25 Aktien gleich zu einem eigenen »Nano-Index« zusammen.

Nach anfänglicher Euphorie fielen die Kurse kräftig. Inzwischen redet niemand mehr von dieser »tollen Zukunftsbranche«, auch wenn die Technologie weiter von unterschiedlichen Konzernen angewandt wird.

2.3 Seltene Erden

Inzwischen hatte man wieder etwas Neues entdeckt, was man dem Anleger schmackhaft machen kann: »Seltene Erden«! Es geht hier um weltweit knappe Rohstoffe, 17 verschiedene Metalle, zum Beispiel Lanthan, Europium und Neodym. Momentan werden »Seltene Erden« noch für viele Hightech-Produkte wie Handys, Fernsehgeräte, Akkus, Halbleiter, Turbinen und Hybrid-Autos benötigt.

So selten aber, wie es klingt, sind die »Seltenen Erden« nicht. In Australien lagern 5,4 Millionen Tonnen, in den USA 13 Millionen Tonnen, in Russland 19 Millionen Tonnen, in China rund 36 Millionen Tonnen. Das Problem ist nur, dass man sich bisher fast ausschließlich auf China als Lieferanten verlassen hatte. Aber China ist selbst sehr rohstoffabhängig und hat seine Ausfuhren in diesem Bereich stark begrenzt. Dadurch entstanden Lieferengpässe. Der Abbau ist nicht so schwierig, denn die Mineralien liegen meist beisammen. Und es genügen auch schon ganz kleine Mengen für die Produktion.

Diese Aktien sind daher in der Regel viel zu teuer. Doch das interessiert viele Anleger in ihrer Euphorie einfach nicht. Ob ein Kurs noch angemessen ist, danach fragen sie nicht und trauen sich auch nicht zu, dies zu beurteilen. Es genügt, dass die betreffenden Aktien in den Medien angepriesen werden. Die reichlich angebotenen Fonds und Zertifikate, die mit hohen Aufgeldern oder Spreads – das ist der Abstand zwischen Verkauf und Rückkauf – nichts anderes tun, als vor allem in diese Unternehmen zu investieren, lohnen sich schon gar nicht. Außerdem arbeiten Forscher in Deutschland und anderswo fieberhaft an Ersatzstoffen für die Seltenen Erden, und sie werden in den nächsten Jahren damit vermutlich auch erfolgreich sein.

Warum also überteuerte Käufe in diesem Bereich tätigen? Nun gut, jeder muss wohl seine eigenen Erfahrungen machen. Nur schade, dass die Lehren aus der Vergangenheit immer wieder in Vergessenheit geraten!

2.4 Experten-Prognosen fürs »kommende Jahr«

Vertrauen Sie nicht den Prognosen, die »hervorragende Experten« zur Jahresmitte oder zum Jahresanfang für die Kapital- und Aktienmärkte abgeben! In der Regel ist es so, dass es eine dominierende Meinung gibt, wohin sich die Wirtschaft und die Aktienkurse bewegen werden. Aber diese ist noch stark geprägt von der Erfahrung der letzten zwölf Monate und daher meistens falsch. Als Beispiel erlebte man die Experten-Euphorie Anfang 2000, den leichten Optimismus Anfang 2008 oder den starken Pessimismus Anfang 2003 und Anfang 2009.

In den letzten Jahren wurde es auch schick, sich als Berater pessimistisch zu geben. Da galt man dann beim Publikum als besonders seriös. Aber was soll das? Wer recht hat, das wird man später an der Börse schon sehen. Deshalb ist es müßig, sich zu streiten. Im Grunde ist es ja ganz einfach.

Pessimismus kam auch deshalb in Mode, weil es seit 2007 zwei Gefahren gab, die gleichzeitig bekämpft werden mussten. Das sah jedenfalls der damalige Chef der US-Zentralbank, Ben Bernanke, so. Deshalb klangen seine Äußerungen zeitweilig auch so widersprüchlich:

- *Inflation, bedingt durch die hemmungslose Geldmengenausweitung der USA zu Zeiten seines Vorgängers Alan Greenspan.*
- *Neue Rezession, also Schrumpfung des Sozialprodukts.*

Unsicherheit liegt offenbar im Zuge der Zeit, sodass Anleger und selbst angesehene Wirtschaftsmagazine immer wieder auf die Hilfe von Astrologen setzen, als ob die Zukunft in den Sternen stünde.

2.5 Astro-Börsenbriefe

»Astro-Börsenbriefe« gibt es ja bereits, und sie scheinen immer zahlreicher zu werden. Es ist schon seltsam genug, dass gelernte Betriebs- und Volkswirte nicht mehr die inneren Werte von Unternehmen analysieren, sondern nur noch danach fragen, ob Trendlinien von Börsenkursen intakt sind. Das Anlegerverhalten ist ja auch bequemer und schneller zu ermitteln als die Lage einer Firma! Selbst Topmanager trauen sich (trotz ihrer Millionengehälter) ohne die Hilfe von außerbetrieblichen Beratungsdiensten und sogar von Sterndeutern offenbar nichts mehr zu. Jedenfalls war dies vor einigen Jahren in der *Wirtschaftswoche* zu lesen: »Immer häufiger holen Manager bei wichtigen Entscheidungen den Rat von Sterndeutern ein.«

Vor einigen Jahren sollte nach Meinung des Astrologen Robert Müntefering (nicht zu verwechseln mit dem deutschen SPD-Politiker) ein Drama auf die Börsen zukommen, ein Finanzcrash, »nur mindestens um eine Dimension größer als die Lehman-Pleite und damit systembedrohender. Die Auswirkungen werden so dramatisch sein, dass es natürlich ein Überschwappen in andere Bereiche geben wird.« (*Interview-Magazin*, Ausgabe April/Mai 2010)

Der Grund sei eine Saturn-Uranus-Konstellation. Es werde aber noch nicht zu einem totalen Kollaps kommen, sondern erst zu weiteren Dramen im November 2009, im Sommer 2010, und dann endgültig im Frühjahr 2011.

Nun, das alles hat sich als absolute Fehlprognose herausgestellt. Jedenfalls ist es erstaunlich, wie es die Astrologen immer wieder schaffen, in seriösen Magazinen zwischen fundierten Analysen Platz zu finden.

Auch auf das menschliche Individuum bezogen ist Astrologie eine sehr fragwürdige Sache. Wenn aber Astrologen, wie 2007 geschehen, auch noch versuchen, aus der Geburtsstunde des DAX (1.7.88) Hinweise für den weiteren Verlauf oder gar heutigen Verlauf der Kurse herauszulesen, dann ist das schon der Gipfel! Was hat die Gründung des DAX mit den Aktienkursen der in ihm enthaltenen Unternehmen zu tun? Wenn man statt des DAX einen beliebigen anderen Index nimmt, zum Beispiel den FAZ-Index, dann kommt man wohl zu ganz anderen Ergebnissen für den weiteren Kursverlauf? Andere Astrologen gehen daher lieber so vor, dass sie mit den Geburtsstunden einzelner Unternehmen rechnen. Aber auch das ist Unfug.

Und dies geschieht in einer Zeit, in der angeblich alles planbar, vorhersehbar und machbar ist! Doch die Kompliziertheit wirtschaftlicher Daten und Vorgänge scheint viele Menschen einfach zu überfordern. In den Jahren 2009 bis 2013, die meist gute Kursgewinne brachten, wurde auch von Großanlegern am Aktienmarkt zum Teil hastig und kopflos verkauft, zu Jahrestiefstkursen. Und kaum gab es nach einem vorläufigen Anstieg Konsolidierungsformationen, ließen sich sofort wieder viele Anleger total verunsichern, verkauften panikartig und fragten nach Wahrsagern.

»Vorhersehen« kann man an der Börse überhaupt nichts. Man kann nur die Lage analysieren und sich immer wieder fragen, ob nach allen bisherigen Erfahrungen in der aktuellen Börsenlage für längere Zeit die Aufwärts(»Hausse«)- oder die Abwärts(»Baisse«)-kräfte überwiegen werden.

3. Katastrophenszenarien

Sie lesen in diesem Kapitel, wie Sie Ihr Geld vor Inflation, Deflation, Terror und Krieg retten können.

Wie reagieren wir als Anleger auf Katastrophen – ganz gleich, ob sie plötzlich und überraschend hereinbrechen oder sich langsam als vermeintliche oder tatsächliche Bedrohung ankündigen?

Zur ersten Kategorie zählen etwa die Terroranschläge in den USA am 11. September 2001 oder auch Naturkatastrophen. Selbst ein Krieg könnte unter Umständen dazu zählen, je nachdem, wie viel Beachtung einem solchen Konflikt im Vorfeld geschenkt wurde. Diese Katastrophen gehören zu den Dingen, die weniger aus dem Wirtschafts- und Börsenleben selbst entstehen, als vielmehr von »außerhalb« über die Börse hereinbrechen.

Anders verhält es sich mit Katastrophen, die sich aus dem Inneren von Wirtschaft und Börse selbst entwickeln. Hier sind die Gefahren im Grunde nie gänzlich unbekannt. Vielmehr hakt es daran, dass sie von einer Mehrzahl von Experten und Medien (und auch von den Märkten selbst) einfach nicht als ernsthafte Gefahr betrachtet werden.

Die große Finanzkrise, die spätestens mit der Pleite der US-Investmentbank »Lehman Brothers« im Herbst 2008 als schwere Bedrohung für das weltweite Wirtschafts- und Finanzgefüge erkannt wurde, hatte sich ja schon lange zuvor in Form der US-Immobilienkrise angekündigt.

Und je nachdem, welche Vorstellung man vom Funktionieren von Wirtschaft und Finanzen hat und welches Menschenbild dem zugrunde liegt, kann man auch noch frühere Warnzeichen und Vorstufen für diese Finanzkrise finden. Allerdings möchten wir an dieser Stelle gleich betonen, dass es uns nicht darum gehen wird, ein Bündel von Ursachen für die jüngsten Wirtschafts- und Finanzkrisen herauszuarbeiten. Nein, uns geht es darum, Ihnen für die grundsätzlichen Bedrohungsszenarien die vernünftigen und weniger vernünftigen Handlungsmöglichkeiten darzulegen, die man als Anleger in solchen Situationen ergreifen kann.

3.1 Angst, Panik, Euro-Krise?

Dabei sollte man stets im Bewusstsein haben, dass Angst und Panik ganz schlechte Ratgeber sind – auch wenn Sie sich vielleicht in permanenter »Habachtstellung« befinden, weil Sie das Gefühl haben, nichts und niemandem mehr glauben zu können.

Gewiss war die Erfahrung der letzten Jahre ernüchternd. Experten, Politiker und Medien haben mit ihrer Einschätzung meist falsch gelegen – oder sollten absichtlich in die Irre führen! Die Finanzkrise wurde kleingeredet, bis sie schließlich mit aller Wucht ausbrach. Umgekehrt wurde das Ende des europäischen Währungsraumes im Zuge der sogenannten »Euro-Krise« ja bereits als praktisch unabwendbar hingestellt, obwohl es nie eine Krise der europäischen Währung gab!

Das glauben Sie nicht? Nun, unsere Währung entwickelte sich gegenüber dem US-Dollar, dem Britischen Pfund und dem japanischen Yen doch glänzend. Der *Euro* selbst war nie in einer Krise.

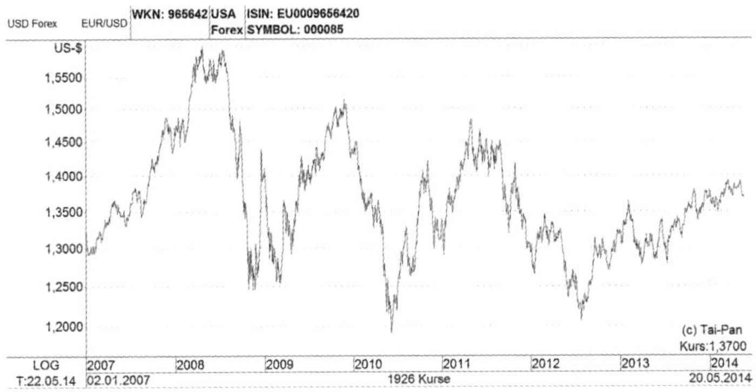

Abb. 1: »Euro«-Krise? – Die Europäische Gemeinschaftswährung war stets so stark, dass man für einen Euro mindestens 1,20 US-Dollar bekam!

Großbritannien hat es auch nicht geholfen, dass es dem Euro ferngeblieben ist. Die Wirtschaft dort hatte viel größere Probleme als Deutschland, und die Verschuldung ist ebenso hoch wie in Frankreich, Spanien oder Italien.

Die öffentliche Diskussion in Deutschland wurde aber dennoch von einem großen Teil der Politiker und Medien auf die Währung Euro gelenkt, die gefährdet sei und angeblich gerettet werden müsse. Das war ein reines Ablenkungsmanöver und machte in der Öffentlichkeit einen besseren Eindruck, als wenn die Politiker erklärt hätten, sie müssten die Staatshaushalte in Griechenland, Irland, Italien, Spanien und Portugal retten, oder in Wirklichkeit die Banken, die diesen Ländern Geld geliehen hatten.

Warum sich gerade in Deutschland die Stimmung so gegen den Euro richtete, das verstehe, wer will. Aber offenbar hatte das Herummäkeln der Medien an unserer Währung eben doch großen Einfluss auf Otto Normalverbraucher, der von wirtschaftlichen Zusammenhängen leider nur wenig versteht.

Dass der Euro eine stabile Währung bleibt, sieht man daran, dass sich die bisher so euro-skeptischen Schweizer nunmehr seit September 2011 fest an den Euro gebunden haben. Die Schweizer Notenbank strebt einen Wechselkurs von 1,20 Franken zum Euro an, womit sie bisher recht erfolgreich war.

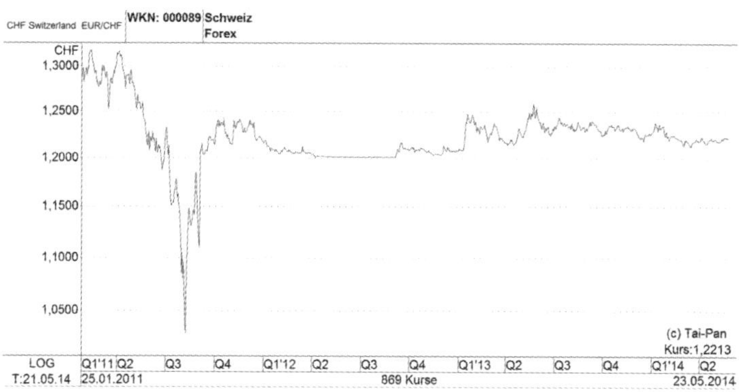

Abb. 2: Bindung des Schweizer Franken an den Euro

Trotzdem: Bei der Wahl zum Deutschen Bundestag 2013 ist die Partei »Alternative für Deutschland«, die ein Ende des Euros und die Wiedereinführung der alten D-Mark forderte, nur knapp an der Fünf-Prozent-Hürde gescheitert.

Dass die Wiedereinführung der D-Mark katastrophale Konsequenzen für die deutsche Wirtschaft hätte, bestreiten auch viele Euro-Kritiker nicht. Denn die D-Mark würde sofort derart stark aufwerten, dass deutsche Exportunternehmen nicht mehr konkurrenzfähig wären; selbst Lohnsenkungen würden dies nicht verhindern können.

Gut, es gibt freilich einige Euro-Kritiker, die meinen, bei einer Wiedereinführung der D-Mark käme es zu keinen derart schmerzhaften Aufwertungen, weil die deutschen Weltmarktprodukte (Auto, Anlagen- und Maschinenbau, Chemie) aufgrund ihrer Qualität konkurrenzlos seien und die Kunden auch höhere Preise zahlen würden. Einmal abgesehen davon, dass dies auf gewiss nicht wenige deutsche Weltmarktprodukte *nicht* zutrifft, möchte man doch gerne wissen, wer denn für dieses Experiment der Wiedereinführung der D-Mark mit all ihren Konsequenzen die Verantwortung übernehmen will? Wer wird am Ende die Zeche zahlen, falls man die Konkurrenzlosigkeit deutscher Produkte überschätzt hat?

Aber auch diejenigen Kritiker täuschen sich, die meinen, Deutschland könne doch die Summe all der Kredite und Bürgschaften, mit denen die europäischen Krisenländer wieder flottgemacht werden sollen, überhaupt nicht stemmen. Denn die Summe all dieser Kredite und Bürgschaften ist bekannt, auch an der Börse. Wäre die Zahlungsfähigkeit Deutschlands oder der Euro selbst gefährdet, würde die Börse dies sofort in einer Schwäche gegenüber anderen Währungen vorwegnehmen. Doch davon kann nicht die Rede sein.

Die vielen Berichte und Kommentare, die auch in »seriösen« Medien ständig zu lesen waren, verstellten jedoch den Blick auf diese Realitäten. Im Grunde ist es also kein Wunder, dass in den letzten Jahren so viele Menschen in Mitteleuropa derart verunsichert waren, dass sie glaubten, jetzt bräche alles zusammen. Fragte man aber nach, so wurde nie so ganz klar, wovor die Leute eigentlich konkret Angst hatten.

3.2 Die eigentliche Gefahr ist die Deflation

Die eigentliche Gefahr, die den ganzen Ängsten zugrunde lag, war die *Deflation*. Und wenn tatsächlich eine Deflation droht, so ist die Angst davor auch berechtigt! Denn hier geht es um etwas, was man schwer zurückgewinnen kann, wenn man es einmal verloren hat: Vertrauen.

Deflation ist im Grunde ein Zeichen mangelnden Vertrauens in die Zukunft. Und für das Wirtschaftsleben ist Vertrauen eine notwendige Voraussetzung. Ohne Vertrauen würde alles zusammenbrechen.

Deflation kann man als Gegenteil dessen verstehen, was den meisten zumindest dem Namen nach vertrauter ist: der Inflation. Bei der Inflation, die wir etwas später noch ein wenig genauer betrachten werden, besteht das Problem darin, dass die Preise schnell und stark steigen, weswegen die Menschen alles Notwendige lieber heute als morgen kaufen, da morgen alles noch teurer sein wird. Doch je mehr Menschen sich plötzlich auf eine bestimmte Menge Güter stürzen, die nicht so schnell nachproduziert werden können, desto schneller steigt der Preis dieser Güter noch weiter! Und deswegen wollen wiederum noch mehr Menschen diese Güter kaufen. Die Nachfrage übersteigt also in diesem Fall irgendwann das Angebot, und der Preis steigt.

Bei der Deflation ist es genau umgekehrt: die Preise fallen.

Nun gut, könnte man meinen: Wo liegt das Problem? Ist es nicht ganz schön, wenn alles günstiger wird? Dann kann man sich von seinem Geld doch mehr leisten!

Was auf den ersten Blick verlockend erscheint, entpuppt sich allerdings schnell als Falle, aus der man sehr viel schwerer wieder entkommt, als es bei der Inflation der Fall ist.

3.3 Eine Deflation ist viel schwerer zu bekämpfen als eine Inflation

Bei einer Inflation kann die Zentralbank stets die Zinsen so weit heraufsetzen, dass die Teuerung nicht in gefährliche Höhen steigt. Die hohen Zinsen machen Kredite und Investitionen so teuer, dass sich die Konjunktur abschwächt und die Preise nicht mehr steigen, weil die Unternehmen weniger investieren und die Menschen weniger Kredite aufnehmen – oder ohnehin ihren Arbeitsplatz verloren haben –, also die Nachfrage insgesamt sinkt. Eine solche Zinserhöhung belastet über kurz oder lang den Aktienmarkt, denn wegen der schwächeren Konjunktur sinken auch die Gewinne der Unternehmen. Zugleich entsteht den Aktien durch die steigenden Zinsen eine starke Konkurrenz: Die Renditen der »sicheren« Staatsanleihen beginnen zu steigen, und die Anleger schichten von Aktien in Anleihen um.

Doch selbst wenn die Zentralbank die Zinsanhebung versäumte, würde zwar irgendwann nur noch eine für viele schmerzliche Währungsreform helfen – aber sie wäre wirksam!

Wenn allerdings die Preise erst einmal richtig zu fallen beginnen, ist eine solche Entwicklung nicht ohne Weiteres umzukehren. Wenn man weiß, dass eine geplante Anschaffung – sei es ein Auto für den Konsumenten oder eine Maschine für das Unternehmen – in einer Woche schon viel günstiger sein kann, wird man diese Woche abwarten. Wenn nun aber alle ihre Ausgaben und Investitionen zeitlich hinausschieben, bricht die Konjunktur irgendwann ein! Daher ist eine Rezession (bei der die Wirtschaftsleistung schrumpft statt zu wachsen) auch stets ein Vorläufer der Deflation.

Was aus der Logik des *einzelnen* Unternehmens oder Konsumenten vernünftig erscheint, nämlich mit seinen Ausgaben abzuwarten, entwickelt sich zu einer sogenannten »Deflationsspirale« aus sinkenden Preisen und sinkender Nachfrage, wenn *alle* so handeln. Denn in der konjunkturellen Flaute werden die Unternehmen versuchen, ihre Marktanteile zu halten, indem sie nicht nur die Preise ihrer Waren und Dienstleistungen senken, sondern ebenso ihre Kosten, vor allem durch Lohnsenkung und Entlassungen. Da aber auch die Nachfrage nach diesen Waren und Dienstleistungen wegen der hohen Arbeitslosigkeit, dem Warten auf noch niedrigere Preise und dem Hinauszögern von Investitionen rückläufig ist, verstärkt sich wiederum der Zwang zu Preis- und Kostensenkungen. Die Spirale dreht sich abwärts. Zahlungsausfälle, Unternehmensinsolvenzen, Massenentlassungen und Bankenpleiten drohen. Alle halten ihr Geld zusammen, niemand hat Vertrauen, dass es wieder aufwärtsgeht.

Für die letztlich kreditfinanzierte Dynamik unserer Ökonomie ist eine Deflation auch deswegen fatal, weil sich die reale Belastung der Schuldner erhöht. Die Unternehmen verdienen deflationsbedingt weniger, aber die Schulden bleiben ja »nominell« – also nach der Zahl auf dem Papier – gleich. Bei einer Inflation verliert Geld an Wert, es wird »billiger«. Bei einer Deflation gewinnt Geld an Wert, denn von zwei Euro kann ich mir heute zwar nur *ein* Brot kaufen, morgen aber schon *zwei* Brote! Die Kaufkraft des Geldes steigt, Geld wird also »teurer«. Doch damit wird auch die vorhandene Verschuldung teurer. Neue Kredite zu Investitions- und Konsumzwecken (Maschinen, Immobilien, Autos u. v. m.) werden unattraktiver, denn der heute ausgeliehene Betrag ist am Tag der Rückzahlung mehr wert, also teurer!

Dass die Verschuldung teurer wird, gilt freilich ebenso für Staaten, die obendrein mit geringeren Steuereinnahmen zu kämpfen haben. Hochverschuldete Staaten können sich teure Programme zur Ankurbelung der Konjunktur alsbald nicht mehr leisten.

Die Folge aus all dem sind Zahlungsunfähigkeit und Ausfall wichtiger Marktteilnehmer, was in einer Kettenreaktion zu einem weltweiten Erliegen der Märkte führen kann.

3.4 Was tun wir als Anleger bei einer Deflation?

Für den Aktienmarkt ist eine Deflation also sehr viel gefährlicher als eine Inflation.

Denn bei einer Inflation können die Unternehmen die Preise ihrer Produkte entsprechend anpassen, und daher passen sich auch die Preise der Unternehmen der Teuerung an: Die Aktienkurse steigen ebenso wie die allgemeine Teuerung – zumindest so lange, bis die Zentralbanken durch Zinsanhebungen vehement gegensteuern, und die Anleger von Aktien in Anleihen umschichten. Auf diese Zusammenhänge und ihre Folgen werden wir später im Abschnitt zur Inflation noch einmal zurückkommen.

Doch was nun die Deflation betrifft, so zweifelt niemand daran, dass die Aktienkurse in einem solchen Fall einbrechen würden. Denn es drohen ja Unternehmenspleiten und Aktien verlieren folglich an Wert.

Trumpf ist stattdessen *Bargeld*! Es gilt dann also ganz einfach, alle Aktien zu verkaufen und sein Geld zusammenzuhalten!

Doch Vorsicht. Die Warnung vor Deflation oder die Gefahr, dass eine Deflation tatsächlich eintritt, ist noch lange kein hinreichender Grund, um sich von seinen Aktien zu trennen. Die Teuerungsraten können zwar tendenziell unter die gewünschte Marke von »knapp unter 2 Prozent« sinken, wie seit 2013 in Europa. Doch am Aktienmarkt ging es in dieser Zeit bergauf. Der DAX konnte in 2013 immerhin um 25 Prozent zulegen! Es bedarf daher eines bewährten und gesicherten Systems von Indikatoren, um nicht zu früh, aber auch nicht zu spät zu verkaufen.

Abb. 3: Im März 2014 lag die Teuerungsrate in der krisengeschüttelten Eurozone mit 0,5 Prozent weit unterhalb der gewünschten Marke von knapp 2 Prozent, die von der Europäischen Zentralbank und vielen Experten als notwendig für eine wachsende Wirtschaft angesehen wird.

Im Grunde geht jeder wirklichen Deflation eine Rezession voran, also ein Rückgang der Wirtschaftsleistung. Auch in der Rezession sinken die Preise tendenziell, und das Zinsniveau fällt, weil die Nachfrage nach Krediten zurückgeht.

Doch ein Frühindikator für eine Rezession ist nicht ausreichend. Denn der Aktienmarkt ist selbst bereits ein Frühindikator für die Konjunktur! Die Kurse sind also meist schon längst gesunken, noch bevor ein Rückgang der Wirtschaftsleistung festgestellt werden kann. Also benötigen wir als Aktienanleger einen Frühindikator, der eine Aktien-Baisse anzeigt, die *aufgrund einer nahenden Rezession* eintritt! Hierfür gibt es einen guten Indikator, die sogenannte »Zinsstruktur«, die wir Ihnen in Kapitel 9 genauer vorstellen werden. Im Normalfall ist man also gar nicht mehr im Aktienmarkt, wenn eine echte Deflation beginnt.

Der Kauf von Staatsanleihen in einer Deflation bringt wegen der niedrigen Zinsen nichts ein; während der sogenannten »Euro-Krise« kam es sogar vor, dass die Nachfrage nach Staatsanleihen der Bundesrepublik Deutschland derart groß war, dass man gar keine Zinsen mehr für sein Geld bekam. Die Anleger liehen dem Staat also Geld und bekamen nichts dafür zurück! Und wenn die Inflation dann doch wieder anzieht, bleibt man auf seinen niedrigst verzinsten Papieren sitzen, die keiner mehr haben will, weil die Inflationsrate höher ist als die Rendite, die man für seine Anleihe bekommt; in einem solchen Fall würde man also Geld verlieren, ohne etwas dagegen unternehmen zu können. Details zum Thema »Anleihen« finden Sie in Kapitel 5.

Ebenso sind Immobilien als Kapitalanlage in solchen Zeiten keine gute Wahl, da keine automatische Wertsteigerung eintritt, wie es im Falle einer Geldentwertung (Inflation) der Fall ist. Mit der Zeit mindert sich selbstverständlich der Wert der Immobilie aufgrund der Abnutzung. In einer Inflation steigen die Hauspreise mit der Teuerung an, in der Deflation ist das eben nicht der Fall. Im Gegenteil. Jeder, der während einer Deflation gezwungen ist, seine Immobilie zu verkaufen, wird mit dem Preis heruntergehen müssen, um einen Käufer zu finden.

Bliebe also noch das angeblich »krisensichere« Gold. Dem Sinn und Unsinn einer Anlage in Gold haben wir ein eigenes Kapitel (Kapitel 6) gewidmet, deswegen hier nur so viel: Gold ist sinnvoll in Zeiten der Geldentwertung (Inflation). In Zeiten von Geldknappheit (Deflation) würden wir nicht dazu raten. Zwar behaupten einige Analysten, Gold sei auch als Deflationsschutz geeignet, doch dies gründet darauf, dass sich Gold in den Aktien-Krisenjahren 2001 und 2002, als Angst vor einer weltweiten Deflation herrschte, gut behauptet hatte. Doch damals ist Gold wohl nur deswegen nicht gefallen, weil es mit circa 300 US-Dollar pro Feinunze bereits auf extrem niedrigem Niveau war.

Zwar hat sich Gold auch bei den schweren Kursstürzen im September 1974 und Oktober 1987 gehalten, doch im Wert zulegen konnte es nicht. Und in beiden Fällen brach wenige Monate nach dem Kurssturz auch das Gold ein. Das lag daran, dass man nach den Verlusten am Aktienmarkt irgendwann Geld benötigte, das man verständlicherweise dort holte, wo die Verluste am geringsten waren: beim Gold.

3.5 Inflation – das kleinere Übel

Die Aktienkurse schwankten in den Jahren 2009 bis 2013, in denen es am Aktienmarkt insgesamt aufwärtsging, beträchtlich. Das war ein Zeichen, dass die Unsicherheit über die Zukunft der Weltwirtschaft und die Entwicklung an den Märkten groß war. Dabei wurden die Gemüter nicht nur von der Frage bewegt, ob es tatsächlich wieder zu einer Rezession (Schrumpfung der Wirtschaftsleistung) oder gar Depression (Erliegen von Handel und Produktion) kommen würde. Nein, die Unsicherheit der Anleger ging noch darüber hinaus. Denn vielen schien immer noch nicht klar, worin die Gefahr lag. Vielmehr ging trotz sinkender Teuerungsraten in den USA und Europa noch immer die große

Angst um, dass die Inflation (Geldentwertung) zurückkehren könne.

Inflation wurde gegen Ende der 1990er-Jahre nicht zu Unrecht für »tot« erklärt, vor allem, weil international eine anti-inflationäre Notenbankpolitik zum Maßstab wurde und der Konkurrenzdruck auf Unternehmen und Arbeiter durch die Globalisierung immer weniger Spielraum für die Durchsetzung höherer Preise oder Löhne ließ.

Eine Inflation ist dadurch gekennzeichnet, dass die Preise von Gütern und Dienstleistungen steigen und das Geld hingegen schnell an Wert verliert. Bargeldbesitzer (Sparbücher, Tages- und Festgeldkonten) und Inhaber festverzinslicher Wertpapiere (etwa Staatsanleihen) haben das Nachsehen. Kauft man derzeit beispielsweise eine zehnjährige Bundesanleihe, so bekommt man im Frühjahr 2014 noch nicht einmal 1,7 Prozent Zinsen dafür. Stiege nun die Teuerung auf 4 Prozent, verlöre man während der Laufzeit jährlich 2,3 Prozent seines Geldes. Obendrein würde einem niemand diese Anleihe abkaufen wollen, man bliebe also darauf sitzen, bis zum Ende der Laufzeit von zehn Jahren. Wer aber Sachwerte (Immobilien, Grundstücke, Gold) besitzt, der ist einigermaßen sicher, weil deren Preise einfach mit der Teuerung ansteigen.

Die Sorge vor einer Rückkehr der Inflation wurde (und wird) nicht nur von unzähligen Feuilletonisten und interessierten Bankanalysten geteilt, sondern auch von sehr vielen Privatanlegern. Dabei geht es aber *nicht* nur um einige Prozentpunkte oberhalb der gewünschten Inflation von »knapp unter 2 Prozent«, wie sie die Europäische Zentralbank (EZB) anstrebt.

Diesem Problem könnte man ja recht einfach durch den Kauf von Staatsanleihen entgehen, deren Zinsen in dieser Situation entsprechend hoch wären, um trotz Wertverlust des Geldes eine ordentliche und sichere Rendite zu erzielen. Denn um die Inflation zu stoppen, erhöhen die Zentralbanken die Zinsen, was sich auch auf Staatsanleihen auswirkt. Läge die Teuerung nun absehbar bei 4 Prozent, könnte man Staatsanleihen mit einer Rendite von vielleicht 9 Prozent kaufen, und es blieben 5 Prozent »übrig«. Problematisch wäre Inflation in dieser Hinsicht nur, wenn man schon Staatsanleihen besäße, *bevor* die Inflation beginnt.

Nein, die Sorge, die einige Anleger bewegt, ist die Furcht vor der *Hyperinflation.* Hier geht es um völlige Geldentwertung mit anschließender Währungsreform. Der Wunsch, sein Vermögen vor dem kompletten Verlust zu bewahren und daher auch eine Hyperinflation in seine Überlegungen mit einzubeziehen, ist verständlich. Aber ist die Angst davor, die es ja immer noch gibt, auch tatsächlich begründet?

3.6 Warum sollte eine Hyperinflation drohen?

Zunächst einmal herrscht selbst im Lager derjenigen, die eine Hyperinflation für wahrscheinlich halten, völlige Unklarheit, wann es überhaupt dazu kommen soll. Schon bald? Oder doch erst in zehn Jahren? Selbst die Inflations-Pessimisten geben auf diese Frage eine sehr vage Antwort. Sie könne irgendwann in den kommenden zehn (!) Jahren auf eine ungewisse Höhe steigen – oder eben nicht, denn auch dafür stünden die Chancen nicht schlecht.

Aber warum sollte es in diesen von Deflation bedrohten Zeiten überhaupt zu einer Hyperinflation kommen? Der befürchtete Zusammenhang ist schnell beschrieben.

Als das Finanzsystem im Zuge der Krise zusammenzubrechen drohte, hatten die Zentralbanken weltweit die Zinsen gesenkt und die Märkte mit immensen Summen Liquidität (Geld) versorgt. Diese Liquiditätshilfen, so die von vielen geäußerte Sorge, würden letztlich die Geldmenge ansteigen lassen, was über kurz oder lang zu Inflation führen müsse.

Nun schauen wir uns dieses Argument einmal genauer an:

Zunächst steigt die eigentliche Geldmenge erst dann, wenn die zusätzliche Liquidität nicht bei den Banken verbleibt, sondern über die Kreditvergabe in den Wirtschaftskreislauf gegeben wird. Wie die jüngste Vergangenheit allerdings gezeigt hat, kann die Inflation nicht steigen, wenn niemand außer der Finanzwirtschaft etwas mit dem Geld unternimmt.

Weiterhin ist zwar richtig, dass Inflation tatsächlich durch eine Ausweitung der Geldmenge entsteht – aber nur dann, wenn diese nicht gleichzeitig von einem entsprechenden Anstieg des Sozialprodukts begleitet ist! Nur wenn die Geldmenge im Vergleich zur Menge an Waren und Dienstleistungen ansteigt, kommt es auch zur Inflation.

Was obendrein aber in den Diskussionen hierzu immer wieder vergessen wurde, ist die Tatsache, dass durch die Billionen-Abschreibungen der Banken Geld vernichtet wurde, also die Geldmenge *geschrumpft* ist. Was die Regierungen und Zentralbanken getan haben, war letztlich keine Ausweitung der Geldmenge, sondern ein Auffüllen zur Verhinderung von Deflation.

Doch das Hauptargument derjenigen, die eine totale Geldentwertung samt Währungsreform befürchten, sind die hohen Staatsausgaben zur Rettung der Banken, bestimmter Industrien und zur Ankurbelung der Konjunktur. Wegen dieser Hilfsprogramme sei der weltweite Schuldenstand bald so hoch, dass die Regierungen einem Abbau ihrer Schulden durch steigende Inflationsraten nicht widerstehen könnten. Letztlich würde dies gar dazu führen, dass das Vertrauen in den Wert des Papiergeldes komplett zusammenbrechen werde! Denn immerhin kämen die immensen Summen der Rettungsprogramme zu den bisherigen hohen Staatsschulden noch hinzu. Das könne nie mehr zurückgezahlt werden! Eine Währungsreform sei der einzige Ausweg, heißt es.

Aber nur keine Panik! Bei dieser Rechnung hat man einiges vergessen.

3.7 Sorgen vor einer Hyperinflation?

Die Sorgen vor einer Hyperinflation sind völlig übertrieben. Zunächst einmal werden die Schulden nicht abbezahlt, weder von uns noch von unseren Kindern oder Enkeln. Ein Staat wird immer Schulden haben. Jede Anleihe wird zurückbezahlt und dafür neue Anleihen ausgegeben. Wichtig ist nur, dass die Aufnahme von Neuschulden langsamer wächst als das Wirtschaftswachstum und der Wohlstand insgesamt. Deshalb muss der Schuldenstand immer am Sozialprodukt gemessen werden.

Die US-Schulden sind so betrachtet nicht wesentlich höher als in den 1980er-Jahren unter Präsident Ronald Reagan. Dennoch war die Inflation Mitte der 1990er-Jahre besiegt, und Bill Clinton schloss 2000 mit einem ausgeglichenen Haushalt ab.

Zudem darf nicht vergessen werden, dass sich die Staaten, etwa durch die Beteiligung an Banken oder Konzernen, auch zu Billigstkursen große Werte verschafft haben, die sie später nach Sanierungen wieder teurer an die Börse bringen können. Ohnehin handelt es sich bei vielen »Ausgaben« lediglich um Bürgschaften, die den Kreislauf der Wirtschaft in Gang halten, damit niemand Angst haben muss, sein Geschäftspartner könnte zahlungsunfähig werden.

Freilich sind die Staatsschulden hoch. Sie werden auch hoch bleiben. Aber solange den Schulden noch höhere Vermögenswerte gegenüberstehen und solange die Schulden auf Dauer nicht schneller wachsen als die geschaffenen Werte, führt das eben nicht zur Inflation. Inflation droht nur dann, wenn die Zentralbanken weltweit auch nach einer Wiederankurbelung der Wirtschaft nicht bremsen und stabilisieren, sondern weiterhin Geld drucken würden. Das aber ist nicht zu erwarten. Die Zentralbanken haben in den vergangenen Jahrzehnten eine Menge Erfahrung mit den Folgen einer Inflation und den Möglichkeiten ihrer Bekämpfung sammeln können. Sie verfügen über die notwendigen Instrumente, einer möglichen Inflation effektiv zu begegnen und werden die Geldmenge daher wieder reduzieren und die Zinsen erhöhen.

Dass sie im Jahr 2014 damit aufgrund der Deflationsgefahren noch zögern, ist nur allzu verständlich. Denn kommt eine Deflationsspirale erst einmal in Gang, ist eben völlig unklar, wie diese fatale Kettenreaktion unterbrochen werden könnte.

3.8 Trotz EZB-Hilfen ist keine Inflation in Sicht

Blicken wir einmal zurück auf die letzten Jahre im krisengeschüttelten Europa.

Dass etliche Staaten in Europa seit 2004 über ihre Verhältnisse gelebt hatten, ist richtig. Und hoffentlich haben sie daraus gelernt. Doch im Zuge der Krise ging es vor allem darum, wieder Vertrauen und Zuversicht zu schaffen. Denn selbst gesunde Unternehmen aus den Krisenländern konnten sich immer seltener zu akzeptablen Bedingungen bei den Banken finanzieren. Wie sollte die Wirtschaftskrise da ein Ende finden, fragte man sich?

Mitte 2012 ging es dann darum, dass die südeuropäischen Staaten die immer weiter steigenden Zinsen nicht mehr verkrafteten. Die hohen Zinsen kamen daher, dass Spekulanten auf Staatspleiten wetteten und damit deren Anleihekurse angriffen. Da griff der EZB-Chef Mario Draghi ein und erklärte, die Anleihen Italiens, Spaniens, Portugals und Griechenlands würden durch die Europäische Zentralbank gestützt. Das war das Signal, auf das die Märkte gewartet hatten. Die Spekulationen auf finanzielle Zusammenbrüche hörten auf, die Anleihezinsen sanken und die Aktienkurse stiegen. Heute sind spanische und italienische Anleihen wieder gefragt.

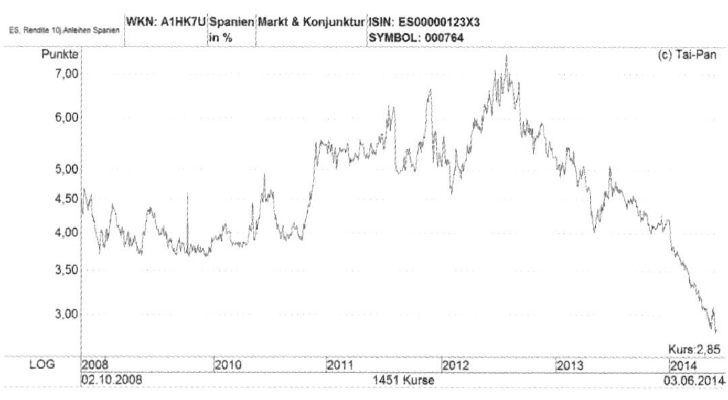

Abb. 4: Sinkende Anleihezinsen seit Mitte 2012

Seit Anfang 2014 scheint der Aufschwung in Europa geschafft, nachdem man zwischen 2011 und 2013 sechs Quartale mit schrumpfender Wirtschaftsleistung hinter sich gebracht hatte. Offenbar hatte man erkannt, dass das ausschließliche Sparen während einer Krise weder die Rezession beendet noch die Schulden und Zinslasten sinken lässt noch den Unternehmergeist der Menschen weckt.

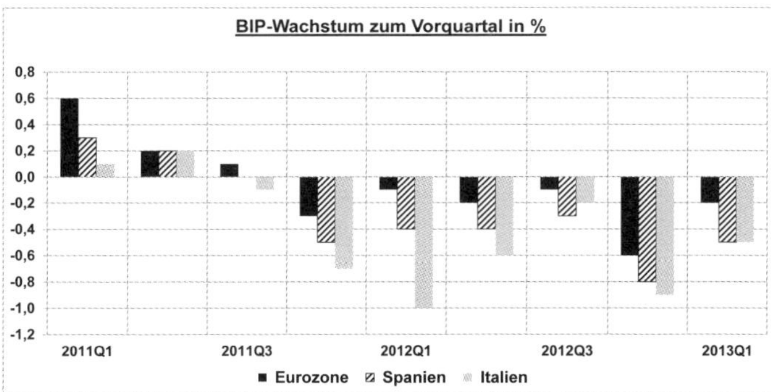

Abb. 5: Wachstum des Bruttoinlandsprodukts im Vergleich

Trotzdem gab es im Sommer 2012 viele Mahner und Warner, die erklärten, nun komme es auf jeden Fall zu einer Inflation. Die Geldmenge werde durch die nötigen Stützungskäufe der Zentralbank so ansteigen, dass ein allgemeiner Preis- und Zinsanstieg im Euroraum unvermeidlich sei.

Es ist immer gut, sich an solche Bedenken und die damals genannten Argumente zu erinnern. Denn heute hat sich herausgestellt, dass die Geldpolitik Draghis absolut richtig war! Es wäre eine Katastrophe gewesen, wenn er nicht so entschlossen gehandelt hätte. Denn von einer Inflation kann 2014 keine Rede sein. Sie liegt im Euroraum noch immer so tief wie zuletzt im Jahr 2009, nämlich bei 0,7 Prozent im gesamten Jahr 2013!

3.9 Was schützt vor Hyperinflation?

Doch was können wir tun, wenn die Propheten, die eine Hyperinflation erwarten, dennoch eines Tages recht behalten sollten?

Nun, in einem solchen Fall sind grundsätzlich Sachwerte gefragt, und Beteiligungen an Unternehmen (Aktien, vor allem Immobilien- und Rohstoffaktien) wären ein ebenso guter Schutz des Vermögens wie Gold oder Silber.

Für die Aktienmärkte ist nur die Deflation gefährlich, weil sie zu Kurszusammenbrüchen führt. Inflation als solche begünstigt auch Aktien: Wenn alles teurer wird, weil das Geld weniger wert ist, dann sind nicht nur Grund und Boden, Häuser und Edelmetalle mehr Geld wert, sondern natürlich auch Unternehmensbeteiligungen. Denn Unternehmen sind auch Sachwerte. In sieben Jahren halbiert sich bei einer Inflationsrate von 10 Prozent zwar der Wert eines Sparbuchs, nicht aber die Unternehmensbeteiligung! Inflation schadet freilich auch dem Aktienmarkt, aber nur indirekt. Da Staat und Zentralbanken die Inflation durch Ausgabenkürzungen und Zinserhöhungen bekämpfen, gehen die Aufträge zurück. Hohe Zinsen lassen Anleger das Geld von Aktien abziehen, um Anleihen zu kaufen.

Käme es aber zu einem Hyperinflationsszenario, dann wären alle diejenigen die Geprellten, die sich in Staatsanleihen, Festgelder und Sparguthaben geflüchtet haben. Ihr gesamtes Geld wäre nichts mehr wert, und zwar in jeder Währung. Denn angeblich wären alle großen Volkswirtschaften dieser Welt davon betroffen. Aktien wären in einem solchen Szenario hingegen eine gute Wahl.

3.10 Die Hyperinflation in Deutschland im Jahr 1923

Auch ein Blick zurück auf die Hyperinflation und die Währungsreform im Jahre 1923 zeigt, dass Aktien als Sachwerte eine gute Anlage darstellen.

Die Ursachen der deutschen Inflation 1923 gründeten im Ersten Weltkrieg. Der Krieg war verloren, der deutsche Staat war bereits Ende 1918 hoch verschuldet durch seine Kriegsanleihen. Dazu kamen die auferlegten Reparationen, die bezahlt werden sollten. Schon 1919 waren die Schulden höher als das Volkseinkommen. Die Regierung druckte Geld und sagte, sie könne nicht zu einer stabilen Währung zurückkehren, um das Wachstum nicht zu gefährden. Der eigentliche Grund war aber, dass der Staat mithilfe der Inflation bequem seine Schulden loswurde.

Der Aktienindex stieg in gleichem Maß wie der US-Dollar und die Lebenshaltungskosten. Als allen klar war, dass Geld wertlos war und eine Währungsreform bevorstand, stiegen US-Dollar, Preise und Aktien ins Unendliche. Der Aktienindex lag im September bei sechs Millionen! Als es schließlich zu einer Währungsreform kam, waren alle Sparguthaben und Anleihen wertlos. Aktien, Immobilien, Gold und andere Sachwerte behielten ihren Wert.

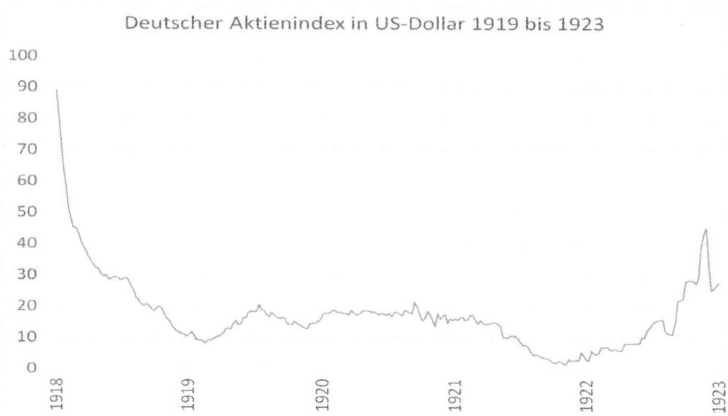

Abb. 6: Deutsche Aktien konnten 1923 ihren realen Wert nicht nur behalten, sondern sogar zulegen!

> **Fazit**
> Die derzeitigen Sorgen vor einer Hyperinflation basieren also weniger auf stichhaltigen Argumenten, als auf einem gehörigen Maß an Unsicherheit. Das wissen verschiedene Seiten für sich zu nutzen. Daher sollte man auch dem Ruf der Untergangspropheten nicht folgen.

Einen unabänderlichen Mechanismus, der zwangsläufig in die Hyperinflation führt, gibt es nicht.

Wer glaubt, sein Vermögen vor jeder auch nur irgendwie vorstellbaren Bedrohung schützen zu können, sollte sich hinsichtlich einer Hyperinflation auch Folgendes vergegenwärtigen: Konsequent zu Ende gedacht, wäre man im Falle einer Hyperinflation selbst mit Sachwerten möglicherweise nur vorübergehend geschützt. Denn niemand weiß, ob nicht die Besitzer von Sachwerten zum Ausgleich mit hohen Steuern belastet werden und etwa der Besitz von Gold ganz verboten wird, wie es ja in den USA und Europa schon der Fall war. Zudem entstünde ein wirtschaftliches Chaos, unter dem auch Aktien für eine ganze Weile zu leiden hätten.

Wer eine Hyperinflation erwartet, würde sich demnach vernünftigerweise besser rechtzeitig mit Waren, Einrichtungsgegenständen und vor allem mit Lebensmitteln, Nahrungskonzentraten und Medikamenten versorgen. Denn die würden nicht mehr nachträglich besteuert oder weggenommen werden können, ausgenommen freilich von Plünderern und Dieben.

3.11 Welche Gefahren, außer Deflation und Inflation gibt es noch?

Von den echten langfristigen Gefahren für den Aktienmarkt sollte man all jene »Störungen« trennen, die politische Ursachen haben und letztlich nicht von langer Dauer sind. Hier gilt der Satz: »Politische Börsen haben meist kurze Beine.«

Die Aktienkurse können aufgrund politischer Entscheidungen, zwischenstaatlicher Konflikte oder auch politischer Attentate sehr schnell und deutlich einbrechen, doch sie erholen sich auch recht bald und ebenso kräftig wieder. Als Anleger sollte man ruhig Blut bewahren, sonst verkauft man aus Angst genau am Höhepunkt einer Krise – und damit am Tiefpunkt des Kurseinbruchs.

Die »Krim-Krise« und der Konflikt zwischen Russland und »dem Westen« ist eines der jüngsten Beispiele. Wir in der Redaktion der *Börsensignale* bekamen Briefe und E-Mails besorgter Anleger, die genau zu dem Zeitpunkt ihre bisherigen Gewinne in Sicherheit bringen wollten, als die Kurse am Tiefpunkt waren und wenige Tage darauf wieder zu steigen begannen.

Ein anderes Beispiel: Am Dienstag, den 27. August 2013, brachen die internationalen Aktienkurse um rund 3 Prozent ein, als wahrscheinlich wurde, dass die USA und Großbritannien mit Militärschlägen gegen das Assad-Regime in Syrien als Antwort auf den Giftgas-Einsatz reagieren wollten. An den folgenden Tagen setzte sich die Unsicherheit noch fort. Auch der Ölpreis stieg, weil gegebenenfalls mit einem Ölboykott Russlands zu rechnen war. Geraten erst einmal die Aktienkurse ins Rutschen, so wird befürchtet, könnte eine Kettenreaktion an Verkäufen erfolgen, weil Stoppkurse durchbrochen werden, die weitere Verkäufe auslösen. Wir haben so etwas ja schon oft erlebt. Vielen ist noch der Crash der US-Börse am Montag, dem 19. Oktober 1987, in Erinnerung, als der New Yorker S&P-500-Index an einem einzigen Tag über 20 Prozent in die Knie ging und der deutsche Aktienindex bis in den November hinein fast 50 Prozent verlor. Auslöser waren damals aber keine Kriegsgefahren, sondern steigende Zinsen und ein sehr schwacher US-Dollar, der Europas und Japans Exporte in die USA behinderte.

Und so war dann im September 2013 auch die Furcht an der Börse vor einer weitreichenden militärischen Auseinandersetzung wegen der Krise in Syrien schnell wieder vergessen, und die Kurse kletterten flugs wieder nach oben. Militärische Konflikte oder Terroranschläge haben die internationalen Aktienbörsen stets nur sehr kurzfristig beeinflusst. Nicht umsonst gibt es eine altbekannte Börsenweisheit, die lautet: »Politisch bedingte Tiefkurse sind Kaufkurse.« Oder, wie es Baron Rothschild schon vor über 100 Jahren einmal formulierte: »Kaufen, wenn die Kanonen donnern!«

Ähnlich verhält es sich mit Attentaten, deren Auswirkungen auf die Börsen seit 2001 ohnehin immer geringer wurden, zumindest längerfristig. Aber es hilft nicht, sich deshalb ständig Sorgen zu machen oder zu glauben, das Vermögen sei in bar »sicherer« als in Sachwerten wie Aktien.

Für die Medien sind Kursstürze inzwischen ein beliebtes Thema geworden. Im Sommer 2013 interviewten diverse Medien mehrere bekannte Börsen-Gurus, die sich über die Gefahren eines Aktiencrashs äußern durften. Denn die Medien leben von Sensationen, und wer vor irgendetwas warnt, gilt auch als besonders seriös. Die Zukunft des Euros, die Zukunft des Finanz- und Bankensystems – alles wurde infrage gestellt.

Nun sind wir selbstverständlich ebenfalls für Sachlichkeit und haben schon oft vor Euphorie gewarnt. Aber wenn sich zu bestimmten Zeiten Dauer-Pessimisten immer wieder zu Wort melden und erklären, der DAX oder der S&P 500 müssten sich demnächst halbieren, dann fragen wir uns bei aller Berechtigung sachlicher Kritik, was solche Dauer-Warner eigentlich bezwecken wollen.

In einer anderen Situation wären wir allerdings, wenn plötzlich die USA aufgrund eines Haushaltsstreits ihrer Parteien zahlungsunfähig würden. Diese Sorge stand im Jahr 2013 plötzlich ganz hart im Raum. Droht den USA die Zahlungsunfähigkeit? Und wenn ja, welche Auswirkungen hätte das auf den Aktienmarkt? Soll man nicht lieber alle Aktien verkaufen?

Eine wirkliche Zahlungsunfähigkeit der USA hätte in der Tat sehr schlimme Folgen für die Aktienkurse, auch für Europa und Asien. Demgegenüber wäre die Pleite von Lehmann Brothers (2008) noch ein Kinderspiel gewesen.

Stellen Sie sich einmal vor, welche deflationäre Wirkung es allein schon hätte, wenn die US-Regierung ihre Anleihen, die bislang als absolut sicher galten, nicht mehr bedienen könnte. Sofort gingen zahlreiche Banken und Versicherungsgesellschaften in aller Welt pleite. Viele Anleger wären augenblicklich ärmer, verlören an Kaufkraft. Ganze Industriezweige, die von Aufträgen der USA abhängen, brächen zusammen. Die Folge wären Massenentlassungen und Hungersnöte. Die Aktienkurse würden weltweit ins Bodenlose fallen. Wertvoll wären dann allein Bargeld, Lebensmittel, Grund und Boden, zum Beispiel Streuobstwiesen.

Für einen solchen Fall braucht man einen Indikator, der einfach aufgrund des negativen Trends am Aktienmarkt zum richtigen Zeitpunkt zu den notwendigen Verkäufen rät. Und obendrein ist man gut beraten, wenn man für seine einzelnen Aktien bereits ein Sicherheitsseil hat, das unter Umständen schon zuvor greift. Beides stellen wir Ihnen in Kapitel 9 vor.

4. Verschiedene Anlageformen

In diesem Kapitel erfahren Sie etwas über Sparbücher, Festgeld, Bausparverträge, Immobilien, Wald, Streuobstwiesen, Lebensversicherungen, Anleihen und Fonds.

4.1 Die Rendite

Wenn es darum geht, verschiedene Kapitalanlagen miteinander zu vergleichen, taucht immer wieder der Begriff »Rendite« auf. Was ist damit gemeint?

Unter Rendite versteht man den jährlichen Ertrag einer Geldanlage, ausgedrückt in Prozent zum eingesetzten Kapital. Wenn ich also 100 Euro anlege und erhalte nach einem Jahr Zinsen von 7 Euro, sodass mein Kapital nun 107 Euro beträgt, dann hat meine Anlage eine Rendite von 7 Prozent gehabt.

Die Rendite berechnet sich nach der Formel:

(Zinsertrag : Kapital) x 100

oder

Zinsertrag = (Rendite x Kapital) : 100

Dabei verstehen wir unter Zinsertrag das Geld, das man jährlich aus der Kapitalanlage erwirtschaftet.

Wenn Sie also 9600 Euro als »Kapital« anlegen und nach einem Jahr einen Zins oder Ertrag von 508 Euro erhalten, können Sie die Rendite folgendermaßen berechnen:

(508 : 9600) x 100 = 5,29.
Die Rendite beträgt also 5,29 Prozent.

Anderes Beispiel: Sie wollen 12 000 Euro anlegen. Die Bank verspricht Ihnen, dass Sie nach einem Jahr eine Rendite von 4 Prozent erwirtschaften. Wie viel haben Sie nach einem Jahr?

Antwort: (4 x 12 000) : 100 = 480. Ihr Zins- oder Kapitalertrag beträgt 480 Euro; insgesamt beträgt dann Ihr Kapital 12 480 Euro.

Die Rendite ist deshalb so wichtig, weil sie die verschiedenen Anlageformen miteinander vergleichbar macht.

4.2 Die gängigen Anlageformen

4.2.1 Kapital-Lebensversicherungen

Aber kommen wir nun zu den gängigen Anlageformen. Wie kann man sein Geld anlegen in einer Zeit, in der es kaum noch Zinsen gibt? Früher gab es Sparbücher, Tagesgelder und Festgelder. Man machte Sparverträge oder handelte mit seiner Bank den Zinssatz aus. Aber das kann man heute vergessen; es rentiert sich nicht mehr. Was man an Zinsen erhält, gleicht nicht einmal die Geldentwertung aus (die mit 1 bis 2 Prozent jährlich zudem nicht besonders hoch ist).

Oder man erwarb Kapital-Lebensversicherungen mit langer Laufzeit. Denn vor 50 Jahren oder auch noch vor 20 Jahren gab es viele naive Anleger, die annahmen, dieses Geld werde von so hervorragenden Experten verwaltet, dass sie Erträge erzielen, die nicht nur die Provisionen der Verkäufer und die Gewinnspannen der Versicherungsgesellschaft selbst abdecken würden, sondern auch für den Einzahler noch einen ordentlichen Ertrag übrig ließen. Zudem förderte der Staat die Lebensversicherer steuerlich. Deshalb müsse das eine gute Anlage sein, mutmaßte man. Die wenigsten Anleger rechneten aber genau nach, was sie mit Lebensversicherungen tatsächlich unter dem Strich verdienten. Und im Jahr 2003 wurde schließlich offenkundig, wie sich die »hervorragenden Experten« verspekuliert hatten. Die Aufsichtsbehörde zwang die Versicherungsgesellschaften schließlich, aus riskanten Anlagen auszusteigen, um zumindest die garantierten Summen der Versicherten noch auszahlen zu können. Leider geschah das bei Tiefstkursen am Aktienmarkt. Es war ein Katastrophenjahr für die Versicherungen. Manche von ihnen haben nun fast gar nicht mehr in Aktien angelegt. Aber sichere Anleihen haben immer weniger Zinsen gebracht.

Fazit
Kapital-Lebensversicherungen sind völlig unrentabel geworden.

Leider legen etwa 85 Prozent der deutschen Bevölkerung trotzdem ihr Geld unrentabel an, statt einfach mal Aktien zu kaufen. Sie sind mit Minizinsen auf dem Sparbuch, bei Bundesanleihen oder bei Festgeldzinsen zufrieden, weil sie beim Thema Aktien entweder das große Nervenflattern bekommen oder auf Riesenverluste am Neuen Markt um die Jahrtausendwende verweisen.

Man könnte nun fragen: Sehen die denn nicht, was sie in den Jahren 2012 bis 2013 verpasst haben? Freilich sehen sie es; der Stand der Börsen wird schließlich täglich auch in den Fernsehprogrammen zur besten Sendezeit besprochen. Aber das bestärkt die Skeptiker nur in ihrer negativen Haltung gegenüber Aktien: »Dafür ist es doch jetzt ohnehin zu spät! Vielleicht kaufe ich mal welche, wenn die Kurse wieder unten sind.«

4.2.2 Fondssparen

Was ist vom »Fondssparen« zu halten, also vom Zurücklegen monatlicher kleiner Beträge in Aktienfonds oder Immobilienfonds?

Kaufen Sie niemals Aktienfonds, Rentenfonds oder Dachfonds in der Annahme, der tüchtige Fondsmanager werde schon rechtzeitig Ihr Geld vor Kursverlusten in Sicherheit bringen! Ein Fondsmanager, der einen Aktienfonds verwaltet, darf gar nicht einfach aussteigen. Aber in einer Baisse (Abwärtsbewegung) können die Kurse mit einem Mal bis zu 50 Prozent ihres Wertes verlieren. Außerdem sind die Gebühren der Fonds eine Unverschämtheit. Selbst wenn sie keinen Ausgabeaufschlag von 5 Prozent verlangen (dieser Satz ist üblich), werden jährliche Managementgebühren von rund 2 Prozent verlangt. Die sehen Sie nicht auf Ihrem Kontoauszug, weil sie dem Fondsvermögen entnommen werden. Die Fondsmanager leisten nicht einmal den Dienst, jeweils die besten Aktien auszuwählen. 80 Prozent aller Fonds schneiden schlechter ab als der DAX oder ein anderer vergleichbarer Index. Jahr für Jahr wird dies durch Statistiken bestätigt.

Fondsmanager beziehen dabei trotzdem vielfach luxuriöse Gehälter. Die bezahlen Sie, wenn Sie die Fonds kaufen. Wollen Sie sich das gefallen lassen?

Machen Sie es anders!
Kaufen Sie Ihre Aktien selbst! Legen Sie zunächst Ihre monatlichen Beträge auf ein Konto und kaufen Sie immer dann Aktien, wenn wieder ein Betrag von rund 2000 bis 3000 Euro zusammengekommen ist. Kaufen Sie aber nur dann, wenn die Kurse noch unten sind und verkaufen Sie rechtzeitig alles, wenn die Kurse hoch stehen und alle Welt wieder euphorisch über Aktien redet. Wenn Sie dieses Buch gelesen haben, können Sie das ebenso gut beurteilen wie einer, der nur Ihr Geld nimmt und zu hohen Gebühren anlegt.

Wozu man »Rentenfonds« braucht, anstatt selbst sein Geld in rentablen Anleihen anzulegen, ist ohnehin völlig unverständlich.

4.2.3 Immobilien, Wald und Streuobstwiesen

Zurzeit schwärmen noch viele Anleger von Immobilien. Gegen eine Geldanlage in eine eigene Immobilie, in der Sie wohnen, ist nichts einzuwenden. Denn die sicherste Anlage ist die eigengenutzte Immobilie, also das Haus oder die Eigentumswohnung. Natürlich benötigt man dazu Fremdkapital. Aber das ist bei den heutigen niedrigen Zinsen kein Problem. Ganz wichtig ist aber, die Zinsen langfristig festzumachen und sich keinesfalls auf variable Zinssätze einzulassen, ganz gleich, was Ihnen die Banken versprechen. Mit einem festen Zins- und Tilgungsplan auf wenigstens 15 Jahre können Sie sich genau ausrechnen, wie hoch Ihr finanzieller Aufwand ist, den Sie bequem tragen können. Bausparverträge sind für jüngere Menschen insofern im Moment gar nicht schlecht.

Verzichten Sie aber auf den Kauf von Immobilien zum Zwecke der Vermietung! Ärger mit Mietern gibt es sehr viel häufiger, als die meisten meinen. Dazu kommen Nebenkosten, und auch die Steuern auf die Mieten dürfen Sie nicht vergessen.

Auch offene und geschlossene Immobilienfonds sind zum Teil immer noch sehr gefragt, obwohl es bereits panikartige Verkäufe mancher Immobilienfonds gegeben hat. Denn bei solchen Kapitalanlagen wird es langsam kritisch. Viele haben sich in der Zeit der Aktienflaute mit Immobilienfonds eingedeckt. Als Schieflagen drohten, warnten vernünftige Sparkassenleiter ihre besten Kunden: »Da sieht es allmählich gefährlich aus, sehen Sie zu, dass Sie herauskommen und verkaufen!« Immobilien sind in den Ballungsgebieten im Jahr 2014 wieder sehr hoch bewertet. Das gilt nicht nur für die kurzfristige, sondern auch für die mittel- und langfristige Betrachtungsweise. Um Immobilien zu kaufen oder sich an Immobilienfonds zu beteiligen, um durch Mieten Wertsteigerungen und Renditen zu erzielen, benötigt man großes Fachwissen. Denn es ist inzwischen schon sehr schwierig geworden zu erkennen, wo überhaupt rentable Objekte vorhanden sind. In Deutschland ist außerdem zu bedenken, dass die Bevölkerungszahl schrumpft. Bei einer schrumpfenden und im Durchschnitt älteren Bevölkerung sind nur noch ganz bestimmte Immobilien profitabel, nämlich diejenigen, die »altersgerecht«, also für ältere Menschen eingerichtet sind. Es ist daher sehr fragwürdig, mit seiner Kapitalanlage auf Immobilienmärkte auszuweichen, selbst wenn man noch so große Angst hat vor Inflation.

Wer mit Katastrophenszenarien rechnet, rät auch manchmal, das Kapital in Äcker, Wald oder Streuobstwiesen zu investieren. Das seien Sachwerte, die einen dann wenigstens vor dem Verhungern bewahren könnten. Allerdings wäre man nicht gegen staatliche Beschlagnahmungen oder auch Überfälle abgesichert. Und kommt es nicht zur Katastrophe, handelt es sich um »totes Kapital«.

4.2.4 Die Altersvorsorge

Immer dringlicher wird die Frage nach einer sicheren Altersversorgung gestellt. Auch in den großen Tageszeitungen füllt dieses Thema immer wieder die Seiten.

Zunächst einmal das Wichtigste, was Sie *nicht* tun sollten:

1. Keine Kapital-Lebensversicherung auf den Überlebensfall abschließen!
2. Unter keinen Umständen einen Sofort-Rentenvertrag abschließen!
3. Der schlimmste Fehler wäre eine Verrentung des Eigenheims! Überhaupt niemals Wohnung oder Haus beleihen!
4. Auch Riester-Renten meiden!
5. Keine geschlossenen Immobilienfonds kaufen!
6. Finger weg von Steuersparmodellen!

Zu viele Leute (Vertreter) und Banken bzw. Versicherungen verdienen bei Nummer 1 bis 6 mit, als dass eine solche Anlage für Sie noch rentabel sein könnte. Außerdem ist Ihr Geld weg, Sie kommen nicht mehr ran und Sie können daher nicht mehr flexibel reagieren.

Was den Sofort-Rentenvertrag betrifft, hier ein kurzes Beispiel:

Nehmen wir an, Sie sind 60 Jahre und haben durch die Auszahlung einer Lebensversicherung oder durch eine Erbschaft 100 000 Euro oder Schweizer Franken (CHF) zur Verfügung. Ihre Versicherung bietet Ihnen an, dieses Geld für eine monatliche Zahlung von 344 Euro bzw. CHF auf Lebenszeit zu »verrenten«.

Ein schlechtes Geschäft! Denn wenn es Ihnen nur gelingt, eine 4-Prozent-Rendite selbst jährlich zu erwirtschaften, könnten Sie sich diesen Betrag weitere 70 Jahre selbst auszahlen. Aber nach der »Verrentung« ist das Geld weg, und Sie müssten 130 Jahre alt werden, damit sich das für Sie lohnt.

Wir wissen, dass der Gedanke gerade für ältere Menschen sehr verlockend ist, sich scheinbar um die Finanzen nicht mehr kümmern zu müssen. Aber erstens ist das kein Grund, sich über den Tisch ziehen zu lassen. Zweitens ist es für die Gesundheit gar nicht so gut, sich um finanzielle Dinge nicht mehr zu kümmern. Und drittens wird der Aufwand sehr überschätzt, der nötig ist, um die jeweils richtigen Finanzentscheidungen treffen zu können.

5. Die Anleihe

Hier erfahren Sie, wie Bundesanleihen, Unternehmensanleihen und Auslandsanleihen als Geldanlage funktionieren und wann Sie einsteigen und aussteigen sollten.

Anleihen sind beim Normalbürger beliebter als Aktien. Sie gelten als weniger riskant. Sie bieten einen festen Zinssatz zu einem bestimmten Termin und werden in der Regel nach dem Ende der Laufzeit zurückgezahlt – es sei denn, derjenige, der die Anleihe ausgibt, wird zahlungsunfähig. Zwar gibt es den Spruch, dass sich Anleihekäufer mit Selters begnügen, aber Aktionäre Wein trinken. Aber es gab Zeiten, in denen es sehr viel besser gewesen wäre, Anleihen anstelle von Aktien zu kaufen, zum Beispiel im Jahr 2000 – als jeder nur nach Aktien rief, am liebsten noch gar nach den riskantesten Titeln vom Neuen Markt.

Anleihen oder »festverzinsliche Wertpapiere« oder »Obligationen«, wie sie auch genannt werden, kann man über seine Bank an der Börse kaufen. Sie können jederzeit auch wieder verkauft werden. Man muss auch keine Sorge haben, dass möglicherweise kein Käufer da ist. Denn die Umsätze an der Börse sind groß genug. Banken bieten anstelle von Anleihen ihren Kunden häufig Sparbriefe an, mit teilweise wohlklingenden Namen. Sie weisen darauf hin, dass keine Kauf- und Verkaufsspesen anfallen. Aber sie verschweigen mitunter, dass dann das Geld des Sparers für einige Jahre festgelegt und nicht mehr verfügbar ist! Aber mit einer Anleihe ist man besser bedient. Wer sein Geld wieder braucht, verkauft sie.

Die Anleihe hat gegenüber einer Aktie den Vorteil, dass Sie genau wissen, wie viel Ertrag Ihr eingesetztes Kapital bringen wird. Denn Sie erhalten einen festen jährlichen Zins, über den Sie sofort verfügen können. Bei Aktien wird die Höhe der Dividende oft erst drei Monate vor der nächsten Hauptversammlung mitgeteilt.

5.1 Kursschwankungen

Es stimmt, dass Anleihen Kursschwankungen unterworfen sind. Es sind Kursgewinne und Kursverluste möglich. Aber in letzterem Fall können Sie bei sicheren Schuldnern immer gewiss sein, dass Sie am Ende der Laufzeit Ihr eingesetztes Kapital jedenfalls zu 100 Prozent zurückerhalten. Dazu kommen die Zinsen, die alljährlich ausgezahlt werden. Bei Aktien wissen Sie nie, wie viel Ihr Unternehmen einmal wert sein wird, wenn Sie Geld brauchen und Ihre Aktien verkaufen wollen.

Besonders beliebt sind natürlich Bundesanleihen. Denn hier ist der Schuldner der Staat selbst. Dass er zahlungsunfähig wird, kam zwar in der Vergangenheit auch vor (1923 und 1948), aber das waren Ausnahmejahre. Bundesanleihen laufen in der Regel zehn Jahre, manche auch 30 Jahre. Deutsche Bundesobligationen laufen in der Regel fünf Jahre.

5.2 Auf die richtige Auswahl des Schuldners achten!

Neben Bundesanleihen und Bundesobligationen gibt es noch Pfandbriefe (Schuldner sind Hypothekenbanken), Kommunalobligationen (Schuldner sind Städte und Landkreise) und Industrieanleihen (Schuldner sind Unternehmen). Da ist etwas mehr Vorsicht angebracht, wem Sie Ihr Geld anvertrauen. Manche Kommunen oder Unternehmen stehen am Rand der Zahlungsunfähigkeit.

Auch ausländische Banken, Unternehmen und Staaten leihen sich Geld auf dem deutschen Kapitalmarkt. Hier ist zu unterscheiden zwischen Euro-Anleihen oder Fremdwährungsanleihen. Euro-Auslandsanleihen bieten nur dann höhere Zinsen als Bundesanleihen, wenn der Schuldner risikobehaftet ist, zum Beispiel ein Schwellenland wie Argentinien oder die Türkei. Lieber Finger weg von solchen Schuldnern! Totalverluste bei Anleihen durch Zahlungsunfähigkeit des Schuldnerlandes sind endgültig. Wenn Sie Anleihen kaufen, dann doch wohl deshalb, weil Sie dies für sicherer halten als die Unternehmensbeteiligung Aktie. Es ist unverständlich, warum es so viele Anleger gibt, die wegen ein paar Prozenten, die sie mehr bekommen, so hohe Risiken eingehen!

Währungsanleihen, zum Beispiel in US-Dollar, kanadischen Dollar, australischen Dollar oder Britischen Pfund, können ab und zu ganz interessant sein, wenn Sie glauben, dass der Euro in den nächsten Monaten oder Jahren eher zur Schwäche neigt. Aber warum eigentlich sollen sich Anleger auf ein so unsicheres Glatteis begeben? Freilich kann man mit Fremdwährungen auch Gewinne erzielen. Aber Währungstrends sind schwer berechenbar. Aktientrends sind unserer Meinung nach einfacher abzuschätzen.

Um es zusammenzufassen: Der Unterschied von Anleihen gegenüber Aktien ist der, dass Sie beim Kauf einer Anleihe dem Herausgeber der Anleihe einen Kredit gewähren, während Sie beim Kauf von Aktien sich selbst an einem Unternehmen beteiligen. Auch wenn die Rückzahlung einer Anleihe gesichert erscheint, wie etwa bei Bundesanleihen, so ist doch eine Entwertung durch Inflation möglich. Anleihen sind also nicht wie Aktien Sachwerte.

5.3 Kurswert, Nennwert, Rendite

Bei einer Anleihe wird zwischen Kurswert und Nennwert unterschieden. Wenn eine Anleihe neu aufgelegt (=emittiert) wird, kostet sie in der Regel 100 Euro. Das ist der sogenannte Nennwert, zu dem sie nach Ablauf auch wieder zurückbezahlt wird. Wenn Sie eine Anleihe kaufen, dann sagen Sie Ihrem Bankberater nicht, wie viel Stück der Anleihe Sie haben wollen, sondern Sie geben einen Betrag an: Für 10000 Euro Nennwert zum Beispiel möchten Sie diese Anleihe haben.

Anleihen werden in der Zeit, in der sie börsennotiert sind, zu einem Kurswert gehandelt, der davon abhängt, wie sich die Anleihezinsen entwickeln. Wenn die Zinsen steigen, sinkt der Kurswert, wenn sie fallen, steigt der Kurswert.

Man unterscheidet zwischen Nominalzins und Rendite. Die Rendite zeigt den tatsächlichen prozentualen Zinsertrag an, wobei der momentane Kurs miteinbezogen ist.

Abb. 7: Die Bundesanleihe 3,25 Prozent von 2005–2015 (WKN 113528) notierte im März 2014 bei 103,99 Prozent. Der Nominalzins, der jährlich ausgeschüttet wird, beträgt 3,25 Prozent.

Die Bundesanleihe mit der Wertpapier-Kennnummer (WKN) 113528 wurde im Jahr 2005 herausgegeben und kostete damals neu 100 Euro oder ein Vielfaches davon, je nachdem wie viel angelegt werden sollte. Zu diesem Preis wird auch im Jahr 2015 zurückbezahlt. Deshalb nähert sich der Kurs gegen Laufzeitende nun auch wieder der Marke 100. Alljährlich erhält der Anleger bis zum Schluss Zinsen von 3,25 Euro für 100 Euro Anlage.

Nun aber besteht der Vorteil von Anleihen gegenüber Sparbriefen ja darin, dass die Anleihe an der Börse gehandelt wird und jederzeit auch wieder verkauft werden kann. Je nachdem, was mittlerweile neue Anleihen an Zinsen bringen, schwankt aber auch der Kurswert. Da die Anleihe zum Beispiel im Jahr 2010 teurer war (Kurs 109 Prozent) und nur mit 100 Prozent im Jahr 2015 zurückbezahlt wird, war die umgerechnete jährliche Rendite für einen Neukäufer zu diesem Zeitpunkt wesentlich niedriger, nämlich nur magere 2 Prozent. Die Rendite wird nach einer komplizierten Formel errechnet, ist aber in guten Tageszeitungen angegeben. Wenn Sie möchten, können Sie den Kurswert Ihrer Anleihe so berechnen:

$$\textbf{Kurs} = \frac{\textbf{(Restlaufzeit in Jahren x Zinssatz + 100) x 100}}{\textbf{100 + Rendite x Restlaufzeit in Jahren}}$$

Rechenbeispiel: Restlaufzeit acht Jahre, Zinssatz 2 Prozent, Rendite für achtjährige Anleihen derzeit 1,55 Prozent:

$$\textbf{Kurs} = \frac{(8 \times 2 + 100) \times 100}{100 + 1{,}55 \times 8} = 103{,}20$$

Diese Kursberechnung gibt allerdings nur den ungefähren Stand an, denn an der Börse bilden sich die Kurse durch

Angebot und Nachfrage. Ihre Bank teilt Ihnen jedenfalls auf Wunsch mit, zu welchem Kurs die Anleihe gerade gehandelt wird. Wollen Sie sichergehen, dass Sie nicht gerade sehr ungünstig einkaufen oder verkaufen, so können Sie auch ein Limit angeben, zum Beispiel hier 103,10.

5.4 Zinszahlung

Die Ausschüttung läuft anders als bei den Dividendenzahlungen der Aktien. Bei Aktien gibt es nach der Hauptversammlung eine Dividende; danach fällt der Kurs der Aktie etwa um die Höhe des Dividendenbetrags. Die Aktie wird nun »ex Dividende« notiert, das heißt neue Käufer erhalten diese Dividende nicht mehr.

Bei Anleihen bezahlt ein Käufer beim Kauf der Anleihe die Zinsen für die Zeit mit, die seit der letzten Ausschüttung vergangen ist. Diese Zinsen nennt man Stückzins. Dafür erhält er aber am Tag der Ausschüttung den vollen Zinssatz für 12 Monate. Die Ausschüttung verändert den Kurswert der Anleihe also nicht. Wenn er die Anleihe vorzeitig verkauft, bekommt er auch die Stückzinsen gutgeschrieben, die seit der letzten Ausschüttung angefallen sind.

Anleihen haben in den vergangenen 100 Jahren im Schnitt eine ähnliche Rendite wie Aktien erbracht. Derzeit, im Jahr 2014, ist ihre Rendite allerdings so gering, dass sie nicht mit Aktien konkurrieren können. Freilich wird sich das irgendwann auch einmal wieder ändern. Dann kommt es auf den Zeitpunkt an, zu dem man kauft, und darauf, ob die Aktien gerade preiswert sind oder nicht, und was demgegenüber Anleihen bieten. Durchschnitte helfen hier nicht weiter. Im Jahr 1981 konnte man auf zehnjährige deutsche Anleihen fast 11 Prozent Rendite bekommen, auf US-Staatsanleihen gar 13 Prozent. Andererseits war damals aber auch die Geldentwertung (Inflation) sehr viel höher als heute, nämlich etwa 7 Prozent. Wer zudem auf seine Zinsen auch noch Steuern zahlen musste, behielt nach Abzug der Inflationsrate gar nicht mehr so viel von seinem Kapitalertrag übrig. Es kommt also immer auf die Börsenlage, die Zinshöhe und die Inflationsrate an, ob Anleihen oder Aktien rentabler sind.

Und nochmals möchten wir Ihnen ans Herz legen: Bei Anleihen sollte man nur ganz sichere Schuldner nehmen, den Staat selbst oder sichere Unternehmensanleihen erstklassiger Schuldner.

Denn der Anleihemarkt wird derzeit überschwemmt mit neuen Angeboten. Auch Großkonzerne geben zurzeit gern Anleihen heraus. Sie wissen: Zu so niedrigen Zinsen, etwa um die 3 Prozent, bekommen sie in den nächsten Jahren vermutlich kein langfristiges Geld mehr. Und die Konjunktur läuft, Investitionen stehen an. Warum sich dann nicht gleich 500 Millionen oder gar eine Milliarde auszahlen lassen, wenn man es vielleicht noch etwas günstiger und längerfristiger als von den Banken bekommt?

Für die Anleger am Aktienmarkt ist dieser Kapitalbedarf dagegen eine gute Nachricht. Zum einen blicken die Unternehmen offenbar optimistisch in die Zukunft und wollen investieren. Zum anderen ist die Tatsache, dass sie an den Kapitalmarkt gehen, statt sich das Geld über neue Aktien zu holen, ein Beleg dafür, dass sie den eigenen Aktienkurs noch nicht für so hoch halten, dass er sich als Ausgabepreis für Aktien lohnen würde.

Außerdem: Wenn mit steigenden Kreditzinsen gerechnet wird, dann sind die jetzigen umlaufenden Anleihen kursgefährdet. Das bedeutet, dass eher weiter in Aktien als in

Anleihen investiert werden wird, da der Aktienmarkt mehr Rendite abwirft, also unterbewertet ist.

5.5 Vorsicht bei Mittelstandsanleihen!

Unverständlich ist vor allem, warum so viele Anleger immer noch sogenannte »Mittelstandsanleihen« kaufen, nur weil deren Rendite immer noch etwas höher ist als bei Anleihen von Großkonzernen. Denn das Ausfallrisiko ist hier ganz erheblich. Wie gut es einem mittelständischen Unternehmen, das Kapitalbedarf hat, wirklich geht, ist ja nur schwer herauszufinden. So ging jüngst der Onlineversand Getgoods in Konkurs, hatte aber erst zwei Monate zuvor noch kräftig Kapital durch eine Anleihe eingesammelt. Der Abfallverwerter FFK und der Personaldienstleister HKW sind zwei weitere Beispiele für Pleiten im Jahr 2013. Die Ratingagentur Scope hat ausgerechnet, dass gut 10 Prozent bei Mittelstandsanleihen in einer Firma landen, die anschließend Konkurs anmeldet. Von dem investierten Geld ist dann fast nichts mehr übrig.

Wer sein Geld breit in ein Dutzend Aktien streut (DAX oder SMI) und unglücklich in einen Kurssturz hineingerät, wird vermutlich sein Geld zumindest in zehn Jahren oder eher wiedersehen, wenn sich die Kurse erholen. Wer einer Pleitefirma Geld leiht, sieht sein Geld nie wieder.

5.6 Kurze Laufzeiten bei Gefahr steigender Zinsen

Wenn die Gefahr besteht, dass die Zinsen steigen, wählen Sie bei Anleihen immer kurze Laufzeiten. Denn bei steigenden Zinsen würden Sie bei zehnjährigen Papieren durchaus schmerzliche Kursverluste erleiden, auch wenn dies nach zehn Jahren ausgestanden ist. Aber sind Sie sicher, Ihr Geld nicht schon vorher zu benötigen?

Sollte Ihnen Ihr Bankberater sagen, es gäbe keine dreijährigen Anleihen oder Obligationen, dann weisen Sie ihn auf die Börse hin; es gäbe zwar keine neuen Obligationen, aber doch welche mit dreijähriger Restlaufzeit. Und die soll er Ihnen ordern. Da besteht kaum ein Kursrisiko.

Zinsen sind übrigens (wie auch Dividenden aus Aktien) immer steuerpflichtig und dem Finanzamt anzugeben! Steuerhinterziehung ist erstens unfair gegenüber der Allgemeinheit und lohnt sich zweitens auch nicht. Es gibt ja auch Freibeträge für alle, die kein hohes Zinseinkommen haben.

6. Gold

Hier erfahren Sie, wann Gold interessant ist und wann nicht, wie Sie einen »fairen Wert« ermitteln und welche Möglichkeiten es gibt, Gold zu besitzen (Zertifikate, Münzen, Barren) und wie Sie physisches Gold aufbewahren können.

6.1 Renaissance des Edelmetalls Gold

Das Edelmetall Gold hat zwischen 2002 und 2012 eine echte Rallye hingelegt. Insbesondere die Privatanleger haben sich seit dem Ausbruch der Finanzkrise auf das Edelmetall gestürzt. Dem lag der Glaube zugrunde, dass Gold das eigene Vermögen in allen möglichen Krisen schütze, und angesichts der hohen Schulden von Staaten, Banken und Verbrauchern könne die nächste schwere Krise schneller kommen als man ahne.

Übrigens galt aus diesem Grund auch die Geldanlage in Schweizer Franken als besonders sicher. Er war ja lange Zeit fast zu 100 Prozent goldgedeckt. Doch mit einer solchen Anbindung an einen spekulativ überhöhten Goldpreis war die Schweizer Wirtschaft teilweise überfordert. Daher erfolgte im September 2011 auch die Anbindung des Franken an den Euro.

Abb. 8: Der Goldpreis stieg in den Jahren 2002 bis 2011 kräftig, nachdem er kurz zuvor ein 25-Jahres-Tief gemeldet hatte.

Auch wir in der Redaktion der *Börsensignale* (www.boersensignale.de) hatten Anfang des neuen Jahrtausends zwischenzeitlich zu Investitionen in Gold geraten. Denn damals hatte alle Welt auf eine deutlich steigende Inflation spekuliert und das Gold nach oben getrieben, weil die US-Zentralbank die Zinsen drastisch gesenkt hatte, um gegen die Wirtschafts- und Börsenkrise im Zuge der Enttäuschung über die »New Economy« vorzugehen. Und Gold gilt zu Recht als ausgezeichneter Inflationsschutz.

Eine sehr positive Grundeinstellung zum Gold herrschte auch zu Beginn der 1980er-Jahre. Damals war man überzeugt, dass die Geldentwertung immer weitere Kreise ziehen würde und die Staaten in Amerika und in Europa ihre ungehemmte Inflationspolitik fortsetzen würden. Dies müsse zwangsläufig den wertbeständigen Edelmetallpreisen nützen. Allerdings haben die hohen Zinsen, die es damals gab, und die Anti-Inflationspolitik, die zudem betrieben wurde, den Goldpreis wieder kräftig nach unten gedrückt. Gold war schließlich in den 1980er- und 1990er-Jahren die einzige Anlage, mit der man nur verlieren konnte!

6.2 Trügerische Sicherheit beim Gold

In Deutschland sollen nach Schätzungen mittlerweile allein an physischem Gold bis zu 8000 Tonnen zu Hause oder in Banktresoren gehortet werden. Zum Vergleich: Die Goldreserve der Deutschen Bundesbank, die zur Absicherung gegenüber einer Währungskrise dienen soll, liegt bei etwa 3400 Tonnen.

Der Wunsch nach Sicherheit durch den Besitz von Gold lässt auch immer wieder Leser unseres Börsenbriefes fragen, ob man derzeit neben Aktien nicht in das Edelmetall investieren solle, da Zinspapiere ja kaum mehr etwas einbrächten.

Um es gleich vorwegzunehmen: Gold schafft nur vermeintliche Sicherheit. Gold ist noch nie eine »ruhige« Anlage gewesen, sondern war immer hochspekulativ. Auch derzeit ist es sogar noch deutlich überbewertet. Vor allen Dingen sollten Sie keinesfalls einen Großteil Ihres Vermögens in Gold verwandeln, in dem Glauben, es damit in Sicherheit gebracht zu haben!

Dabei besteht das größte Risiko noch nicht einmal darin, dass der Privatbesitz von Gold gerade in Wirtschafts- und Währungskrisen schon oft verboten wurde. Nein, vielmehr scheinen sich viele Menschen von dem Argument blenden zu lassen, Gold werde schon seit Jahrtausenden als Zahlungsmittel akzeptiert und es gebe daher keine sicherere Anlage als das Edelmetall. Doch dieses Argument ist im Grunde nichtssagend, denn der Marktwert des Goldes schwankt ja dennoch beträchtlich, und wer zu Höchstpreisen kauft, für den ist es nach einem heftigen Kursrückgang nur noch ein schwacher Trost, dass sein Gold vielleicht auch in tausend Jahren noch irgendeinen Wert haben wird.

6.3 Gold schützt vor Inflation

Wie schon erwähnt war Gold schon immer ein guter Schutz gegen Inflation. Zugleich diente es als Absicherung gegen einen schwachen US-Dollar, weswegen die Regel gilt: schwacher US-Dollar, starkes Gold – starker US-Dollar, schwaches Gold.

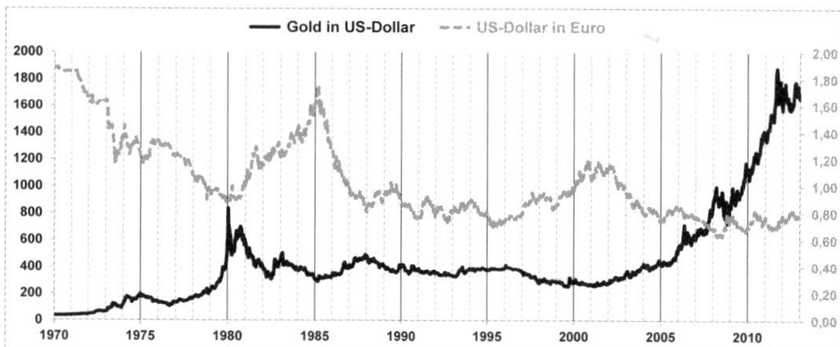

Abb. 9: Ein starker Dollar bedeutet für das Gold stets Gefahr.

Wenn man allerdings den Anstieg des Goldpreises im Vergleich zur Inflation und zum US-Dollar seit dem Jahr 2002 betrachtet, dann erkennt man schnell, dass es nicht die tatsächliche Inflation war, die das Gold nach oben getrieben hatte, sondern neben der unvermeidlichen Spekulation vielmehr die *Angst* davor. Der Goldpreis wurde in den letzten Jahren also im Grunde von einer Stimmung getragen.

Während in der Mitte und zum Ende der 1970er-Jahre nicht nur der Goldpreis, sondern eben auch die Inflation beträchtlich angestiegen war, gibt es mit Beginn des neuen Jahrtausends eine deutliche Diskrepanz zwischen beiden Werten.

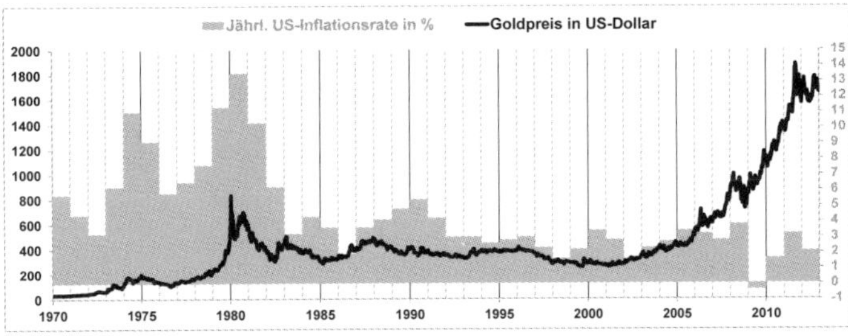

Abb. 10: Mit Ausbruch der Finanzkrise schnellte der Goldpreis empor.

Ähnlich wie die Goldverfechter dem »Papiergeld« vorwerfen, es gründe ja »nur« auf dem Vertrauen der Menschen, aber nicht auf realen Gegenwerten (wie etwa dem Gold), gründet daher auch der derzeitige Goldpreis letztlich nicht auf »realen Daten«. Vielmehr basiert er auf dem Glauben, dass mit dem Ende unseres Währungs-, Finanz- oder Wirtschaftssystems demnächst durchaus zu rechnen sei oder wenigstens eine Hyperinflation drohe. Wer die Lage weniger dramatisch einschätzt, der setzt immerhin darauf, dass eine immer größere Zahl von Anlegern diesen Geschichten weiterhin glauben wird oder die Investoren ihre bisherigen Engagements zumindest immer weiter aufstocken werden.

Sollte all dies aber nicht eintreffen, dann wird das zinslose Gold allenfalls seinen nominalen Wert halten, was abzüglich der Inflation längerfristig zu realen Verlusten führt.

Gut, an die große Inflation glauben noch immer einige – doch sie wird wohl in absehbarer Zeit nicht kommen. Die größere Gefahr ist derzeit – im Frühjahr 2014 – noch immer eine Deflation, eine Geldvernichtung durch Zahlungsunfähigkeit von Staaten und Banken. In Zeiten einer Deflation ist Gold jedoch nicht unbedingt das, was man benötigt, sondern Bargeld ist Trumpf!

6.4 Wo liegt der faire Goldpreis?

Wo der faire Goldpreis liegt, ist schwieriger zu verorten als etwa der faire Preis von Aktien. Denn das Gold steht im Grunde außerhalb der Realwirtschaft, es ist praktisch nicht in sie eingebunden. Im Gegensatz zu Aktien, die sich anhand von Unternehmensbilanzen und allgemeinen Wirtschaftsdaten vergleichsweise gut bewerten lassen, gibt es für den Goldpreis letztlich keine weiteren Daten.

Wie könnte man sich also einem »fairen Goldpreis« zumindest annähern? Es ist sicher nicht falsch, sich hier an langfristigen Durchschnittswerten zu orientieren.

Nehmen wir für unsere Berechnung des »fairen« Goldpreises beispielsweise den 20-Jahres-Durchschnitt des Goldpreises, bereinigt um den Faktor, um den die Kurse in den letzten vier Jahrzehnten vom 20-Jahres-Durchschnitt im Mittel abgewichen sind.

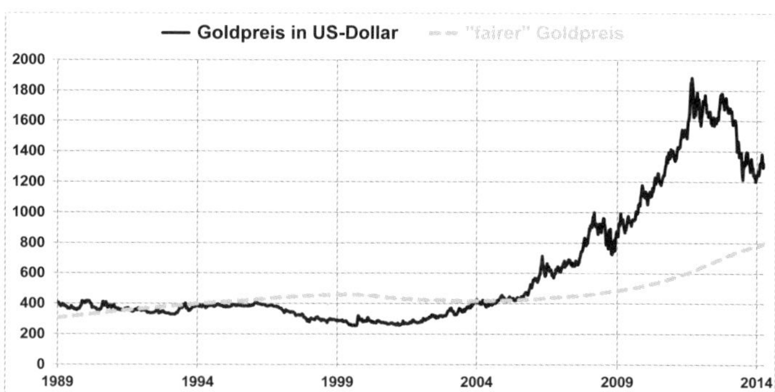

Abb. 11: Fairer Goldpreis

Die Grafik zeigt, dass sich der Goldpreis seit etwa 2006 weit nach oben von seinem »fairen Wert« entfernt hat. Selbstverständlich können auch wir nicht sagen, wann sich das Gold wieder seinem fairen Wert annähern wird. Es ist auch möglich, dass der Preis zuvor noch einmal weiter ansteigt. Trends werden wie gesagt von der Masse der Anleger getrieben. Daher kann jeder, der bereits seit Längerem im Besitz von Gold ist, mit Verkäufen auch noch abwarten; hinzukaufen sollte man derzeit allerdings nicht.

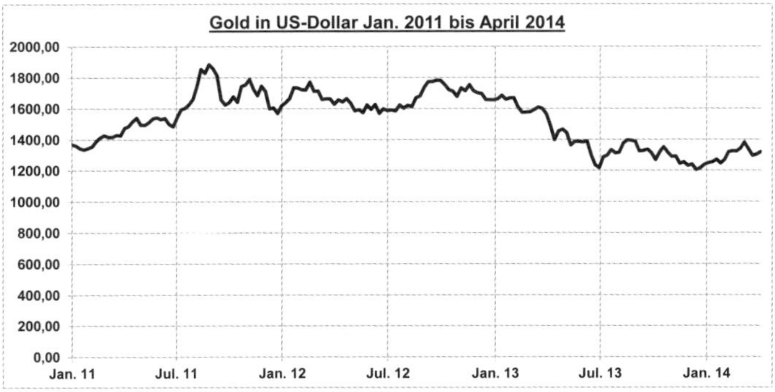

Abb. 12: Obwohl auch Staaten wie Brasilien, Russland, Indien und China große Mengen Gold kaufen, um dem US-Dollar eines Tages mit einer eigenen Währung international Konkurrenz machen zu können, gab es mit Gold seit 2011 nichts mehr zu gewinnen.

6.5 Verschiedene Möglichkeiten, in Gold zu investieren

Wenn jemand an Goldanlagen denkt, muss er sich die Frage stellen, in welcher Form dies geschehen sollte.

Sie können *Goldaktien* kaufen. Allerdings müssen Sie hier darauf achten, dass Gold- oder auch Silberaktien nicht zu hohe Kurs-Umsatz-Verhältnisse aufweisen, wie es beispielsweise bereits 2005 der Fall war. Der größte Silberproduzent Pan American Silver (Kanada) hatte 2004/2005 ein Kurs-Umsatz-Verhältnis von etwa 22, was viel zu hoch war. Was das »Kurs-Umsatz-Verhältnis« ist und wie man es zur Bewertung von Aktien nutzen kann, werden wir in Kapitel 8 noch genauer erklären. Hier nur so viel: Wer solche Aktien kaufte, nahm wohl an, der Silberpreis werde sich in den nächsten Jahren verzehnfachen. Wäre dies der Fall gewesen, würden solche Edelmetall-Unternehmen freilich noch viel rentabler arbeiten und deren Aktien steigen. Aber man muss sich darüber im Klaren sein, dass bei sehr hohen Kurs-Umsatz-Verhältnissen wie in den Kursen der Edelmetallaktien Anfang 2005 viel Spekulation enthalten ist. Nur deutliche Kursrückgänge würden solche Aktien interessant machen können.

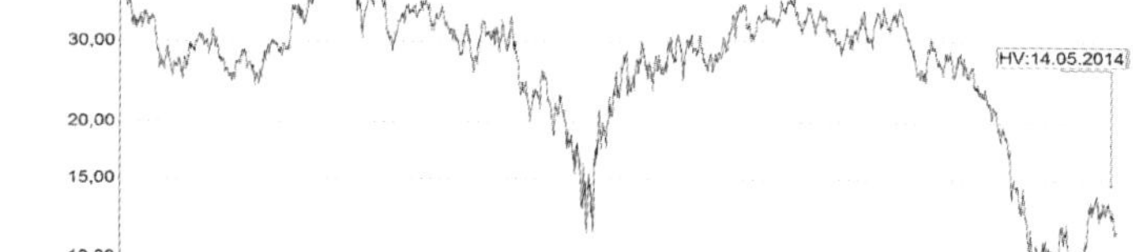

Abb. 13: Viele Goldaktien haben in den letzten zehn Jahren trotz des Gold-Booms verloren.

Sie können Gold freilich auch in *Münzen* kaufen, zum Beispiel Krügerrandmünzen. Diese müssten Sie im Banktresor aufbewahren. Große Mengen von Goldmünzen daheim aufzubewahren ist umständlich und außerdem gefährlich. Sie können sich aber auch bei Ihrer Bank ein Metallkonto einrichten lassen.

Übrigens können Sie statt Gold auch Silber nehmen, wenn Sie der Meinung sind, Gold sei ausgereizt. Es ist aber immer wieder eine schwierige Sache zu beurteilen, welches Edelmetall letztlich wirklich stärker steigt. Die Edelmetalle entwickeln sich meistens mehr oder weniger parallel. Platin hatte in den vergangenen Jahrzehnten noch die meisten Zuwächse im Kurs, weil die Industrie sehr viel benötigte, zum Beispiel für die Katalysatoren.

7. Aktien-Grundbegriffe

In diesem Kapitel erfahren Sie, was Aktien sind. Sollen Sie inländische oder ausländische Aktien kaufen? An welcher Börse? Es geht um das Aktiendepot, Käufe und Verkäufe, Bankprovision, Dividenden, Hausse und Baisse, Kursgewinne und -verluste.

7.1 Grundlagen für erste Aktienkäufe

Was die meisten unserer Mitbürger am Aktienkauf stört, sind die stark schwankenden Kurse. Da sei doch viel zu viel Fachwissen nötig, um sich darauf einzulassen, meinen sie. Seit 2008 ist die Angst vor einem Kurssturz so groß, dass selbst attraktive Dividendenrenditen die Sparer nicht mehr aus der Reserve locken können.

Abb. 14: Es sind die extremen Schwankungen, die die Anleger vom Aktienkauf abhalten.

Dabei ist es gar nicht so viel, was ein Anleger über Aktien wissen muss. Zunächst einmal muss er sich informieren, ob die Kurse derzeit historisch gesehen »hoch« oder »niedrig« sind.

Sie können Aktien über Ihre Bank ganz einfach an der Börse kaufen. Dazu benötigen Sie ein sogenanntes »Wertpapierdepot« bei Ihrer Bank, das Ihnen Ihr Bankberater gern einrichten wird. Die Bank kümmert sich als Ihr Dienstleister darum, dass Sie Ihre Dividende (bei Aktien) oder Zinsen (bei Anleihen) erhalten und schreibt Ihnen die Erträge auf Ihrem Girokonto gut. Außerdem bekommen Sie am Jahresende einen Depotauszug, auf dem alle Ihre Papiere (Aktien und Anleihen) verzeichnet sind. Für die Verwaltung Ihres Wertpapierdepots sind jährlich sogenannte Depotgebühren fällig. Das sind etwa 0,15 Prozent der Summe Ihrer Wertpapiere.

Wie viel sollten Sie bei Aktienkäufen mindestens anlegen, und was kostet es, Aktien zu kaufen?

Sie sollten wenigstens etwa 6000 Euro übrig haben, dann können Sie sich für je rund 2000 Euro an drei verschiedenen Unternehmen beteiligen. Ihre Bank nimmt etwa 1 Prozent des Gesamtkaufpreises als Provision; bei angelegten 10 000 Euro wären das also rund 100 Euro. Wenn Sie ein sehr guter Kunde Ihrer Bank sind, ist die Höhe der Provision auch verhandelbar. Bei sogenannten Direktbanken zahlen Sie nur 0,2 Prozent bis 0,4 Prozent von der Kauf- bzw. Verkaufssumme. Im obigen Beispiel (Aktienkauf für 10 000 Euro) kann der Provisionsunterschied dann schon ein gutes Abendessen in einem vornehmen Restaurant ausmachen.

Wenn Sie sich unsicher sind, was Sie kaufen sollen, können Sie einfach die gewichtigsten Aktien des Deutschen Aktienindex (DAX) kaufen, den Sie damit nachbilden. Das sind Siemens, Daimler, Volkswagen, BMW, Allianz, Deutsche Telekom, Deutsche Bank, der Energiewert EON, der Chemiewert BASF und der Pharmatitel Bayer.

Wenn Sie in der Schweiz wohnen, können Sie den Swiss Market Index mit den Aktien Nestlé, Novartis, Roche und der Bankaktie UBS nachbilden. Als Österreicher können Sie den ATX-Index nachbilden mit Wienerberger Baustoffe, Erste Bank, dem Energiewert OMV und dem Stahlwert Voest-Alpine.

Wenn es darum geht, wo der Aktienmarkt insgesamt gerade steht, spricht man immer wieder von einem Aktienindex oder mehreren Aktienindizes.

Ein Aktienindex ist ein repräsentativer Durchschnitt einer ganzen Aktiengruppe. Da sich die Mehrzahl der Aktienkurse im Gleichschritt aufwärts- oder abwärtsbewegt, genügt es zur schnellen Information, sich am Index zu orientieren. Der Deutsche Aktienindex (DAX) repräsentiert die 30 wichtigsten deutschen Aktien, der Swiss Market Index (SMI) die 20 wichtigsten Schweizer Aktien, der ATX die 20 wichtigsten österreichischen Aktien, der Dow-Jones-Industrie-Aktienindex die 30 wichtigsten US-Aktien, der S&P-500-Index die 500 wichtigsten US-Aktien, der Nasdaq-Composite-Index die kleineren und mittleren Technologietitel. Diese Aktienindizes sollten Sie kennen.

Die zehn wichtigsten Faustregeln für Aktien-Neulinge:

1. Ist der DAX in einem Jahr bis Ende Oktober um 30 Prozent gefallen, kaufe Aktien!
2. Kaufe weder Aktienfonds noch Zertifikate!
3. Aktienkäufe lohnen sich nur, wenn du insgesamt mindestens 6000 Euro anlegst!

4. Kaufe nur Aktien, wenn du das Geld in den nächsten drei Jahren nicht brauchst!
5. Kaufe Aktien mit niedriger Bewertung und relativer Stärke!
6. Ist der DAX schon drei bis vier Jahre lang gestiegen, verkaufe!
7. Treibt die Zentralbank ihre Leitzinsen schon seit 12 Monaten nach oben, verkaufe!
8. Liest du in der Zeitung von Rekordgewinnen und Übernahmen, verkaufe!
9. Höre nicht auf Berater, auch nicht von deiner Bank!
10. Bedenke, dass die Mehrheitsmeinung bekannt und daher schon von gestern ist!

Wie gesagt, das sind Faustregeln, die wir in den folgenden Kapiteln noch weiter erläutern werden.

Der Aktienmarkt hat den Vorteil, dass sich hier nicht nur Renditen durch die ausgeschütteten Dividenden erzielen lassen, sondern auch Kursgewinne, sofern man im rechten Moment ein- und aussteigt.

Die Voraussetzung, um am Aktienmarkt Gewinne erzielen zu können, ist zunächst eine Analyse, ob er nicht überbewertet ist. Denn er übertreibt immer wieder stark nach oben und unten. Diese Übertreibungen sind objektiv zu erkennen. Zum Zweiten benötigt man historisch bewährte Indikatoren, die erfahrungsgemäß den Trend am Aktienmarkt bestimmen. Das sind Konjunkturindikatoren, die Zentralbankpolitik, die Dollarstärke, die Öl- und Rohstoffpreise und die Trends von konjunktursensiblen Aktien. Das alles muss sich zu einem Gesamtbild zusammenfügen.

7.2 Warum ist das Interesse an Aktien so gering?

Das Interesse am Aktienbesitz hat nachgelassen, nicht nur in Deutschland und der Schweiz, sondern überhaupt in Europa. Waren in den Jahren 1998 bis 2000 die Schaufenster in den Buchläden noch voller Titel über Anlagestrategien mit Aktien, so muss man heute in den Buchhandlungen wieder suchen, ob sich irgendwo in der Abteilung Wirtschaft noch Bücher zum Thema Aktien finden. Das erinnert an die Zeit in den 1980er-Jahren, als man als Börsenneuling kein einziges Buch zu diesem Thema fand. Daher schrieb Uwe Lang 1986 selbst eines, das dann 14 Auflagen erlebte, weil es auf eine Marktlücke traf. Heutzutage freilich stellt dieses Thema keine Marktlücke mehr dar. Im Grunde wurde fast zu viel zum Thema Aktien geschrieben und auch zahlreiche unsinnige Ratgeberbücher verfasst, die versuchten, dem Leser weiszumachen, er könne mit Aktien ganz einfach und schnell Millionär werden.

Diese Zeiten sind zum Glück vorbei. Vor allem jüngere Leute möchten sich nicht mehr an der Nase herumführen lassen. Die kalte Dusche, die auf die Euphorie des »Neuen Marktes« folgte, hat gewirkt. Es ist keine »neue Zeit« angebrochen, wie zu Beginn dieses Jahrtausends viele meinten. Der nüchterne Alltag hat uns wieder.

Nach einer Studie des Instituts für Banking & Finance der Universität Zürich nahm die Zahl der Aktionäre in der Schweiz von 30 Prozent im Jahr 2000 auf 17 Prozent im Jahr 2010 deutlich ab. Der durchschnittliche Aktienanteil am Vermögen der Haushalte in der Schweiz beträgt danach nur noch 6 Prozent. In Deutschland und Österreich war die Entwicklung ähnlich.

Der Grund für diese Aktienabstinenz ist vermutlich nicht nur in der Enttäuschung über das Scheitern der Euphoriewelle zu Beginn des Jahrtausends begründet. Auch die Empörung über die unverschämten Gehälter der Topmanager in den Großkonzernen, die diese sich gegenseitig zuschanzen und damit die Ausschüttungen für die Aktionäre schmälern, dürfte nicht die entscheidende Rolle spielen. Vielmehr ist es vermutlich eine immer größer werdende Unsicherheit gegenüber dem Geschehen an den Finanzmärkten, die zur Vorsicht gegenüber allem führt, was als »riskant« einzuschätzen ist. Man sollte meinen, dass gerade jüngere Menschen im Allgemeinen doch risikobereiter und experimentierfreudiger sind als die Älteren. Aber das gilt natürlich nur, wenn sie das Gefühl haben, das Risiko überhaupt einschätzen zu können. Offenbar ist aber dieses Gefühl verloren gegangen. Die Menschen haben registriert, dass selbst angesehene Finanzexperten die kräftigen Kursstürze des Jahres 2008 im Rahmen der Finanzkrise nicht vorhergesehen haben. Man stellt Jahr für Jahr fest, dass es den Fondsmanagern, also den hoch bezahlten professionellen Geldverwaltern, meist nicht gelingt, wenigstens eine Rendite in Höhe der Steigerung des Aktienindex, zum Beispiel des DAX, zu erzielen. Und man ist von den heftigen Schwankungen einfach genervt. Auch risikobereite Menschen sind nicht bereit, solche Kursverluste zu ertragen, wenn sie unvermutet wie Schicksalsschläge über sie kommen können und wenn das Gefühl für Ursachen und Wirkungen an der Börse, das man zu haben glaubte, plötzlich nicht mehr da ist.

Dass die Aktien in der Hochkonjunktur, wenn kein Wölkchen den Börsenhimmel zu trüben scheint, plötzlich fallen, und dass sie im Gegenteil in Rezessionsjahren hohe Gewinne erzielen, das war zwar schon immer so. Aber es verwirrt normal denkende Menschen immer wieder. Professionelle Berater haben nicht ohne Grund Systeme veröffentlicht, um den allgemeinen Optimismus oder Pessimismus an den

Weltbörsen zu messen. Sie ziehen daraus den Schluss, dass der Aktienmarkt umso gefährdeter ist, je optimistischer die Stimmung ist, und dass die Kurse »unten« sind, wenn niemand mehr Aktien haben will. Dann können die Kurse nämlich nur noch steigen. Denn alle, die verkaufen wollten, haben dann bereits verkauft.

Aber beachten Sie:
Auch die »Stimmungs-Analysten« lagen gerade in der jüngsten Vergangenheit sehr oft völlig falsch mit ihren Prognosen.

Trotzdem ist das Verhalten mancher Anleger absolut irrational. Sie geben ihr Geld Lebensversicherungen oder Pensionskassen, die es aber schließlich auch an den Kapitalmärkten rentabel anlegen müssen. Können es denn die Manager der Pensionskassen wirklich besser? Die Vergangenheit lässt eher daran zweifeln.

Oder sie legen ihr Geld nach wie vor in »sicheren Bundespapieren« an. Viel Vergnügen bei den derzeitigen Minizinsen! Renditen von 1,8 Prozent auf zehn Jahre gleichen nicht einmal die jährliche Inflationsrate aus. Die wenigsten Anleger sind sich im Klaren, dass sie mit den Käufen solcher Anleihen ein hohes Kursrisiko eingehen! Das gilt für den Fall, dass sie ihre Papiere vor Ablauf der zehn Jahre verkaufen müssen, weil sie das Geld brauchen. Wenn es in einigen Jahren nämlich wieder Anleihen mit Renditen um 3,5 Prozent gibt, dann stehen sie bei jetzigen Käufen mit hohen Kursverlusten da!

Wir möchten Sie im Gegenteil ermutigen, liebe Leser, wieder Aktien zu kaufen. Sie benötigen dafür kein großes Fachwissen, sondern nur Ihren gesunden Menschenverstand.

Der richtige Zeitpunkt, um Aktien zu kaufen
Kaufen Sie Aktien dann, wenn der Aktienmarkt unter seinem fairen Wert notiert!

Verkaufen Sie Ihre Aktien wieder, wenn der Aktienmarkt weit über seinem fairen Wert notiert!

Denn der Aktienmarkt übertreibt immer. Lassen Sie sich nicht von der guten Stimmung bei hohen Kursen beeinflussen, genauso wenig von Weltuntergangsstimmungen, wenn die Kurse »unten« sind. Nehmen Sie einfach die Kauf- und Verkaufsgelegenheiten wahr, die Ihnen der Markt durch seine Übertreibungen nach oben und unten immer wieder neu präsentiert.

Freilich dürfen Sie dabei nicht auf die absoluten Zahlen des Aktienindex sehen. Wenn der DAX heute bei 5800 Punkten notieren würde, dann wäre er extrem niedrig und weit gefallen. Im Oktober 2011 notierte er auf diesem Wert. Auch 1998 wies der DAX diese Punktzahl auf. Aber damals war dieser Kurs sehr hoch, viel zu hoch! Und er verlor anschließend auch binnen zwei Monaten etwa 40 Prozent seines Wertes.

Aber wie ermittelt man faire Werte für den DAX oder den Schweizer SMI insgesamt? Durchschnittliche Kurs-Gewinn-Verhältnisse (bei denen der Aktienkurs eines Unternehmens ins Verhältnis zu seinen Gewinnen gesetzt wird) eignen sich dafür nicht sehr gut. Gewinne erfährt man erst im Nachhinein, und die Schätzungen sind oft zu hoch oder zu niedrig.

Besser eignen sich die Umsätze der Unternehmen eines Landes oder weltweit. Eine andere Möglichkeit ist die Berechnung eines 20-Jahres-Durchschnitts von einem Aktienindex und dazu ein Vergleich mit dem aktuellen Kurs. Über dieses Verfahren informieren wir Sie in einem späteren Kapitel. Doch es gibt auch Experten, die bestreiten, dass es möglich sein sollte, eine Aussage darüber zu treffen, ob die Kurse gerade zu hoch oder zu tief sind. Sie lehnen daher Prognosen und Empfehlungen strikt ab. Damit setzen wir uns im nächsten Kapitel auseinander.

7.3 Wie baue ich als Aktien-Anfänger langsam ein Vermögen auf?

Nun zu einem anderen Thema. Uns erreichen in der Redaktion der *Börsensignale* immer wieder Briefe und E-Mails von Lesern, die gern wissen wollen, wie man sich verhalten soll, wenn man erst »Anfänger in Aktien« ist und damit beginnt, sich langsam ein Vermögen aufzubauen. Nicht jeder hat gerade geerbt oder aus anderen Gründen plötzlich 50 000 Euro oder Schweizer Franken oder ein Vielfaches davon übrig, um es in Aktien zu stecken.

Nehmen wir einmal an, Sie sind ein Sparer, der monatlich 200 Euro oder 200 Schweizer Franken erübrigen kann. Sie wissen, dass Kapital-Lebensversicherungen und derzeit auch Anleihen unrentabel sind.

Wie kommen Sie nun mit Ihren monatlichen Rücklagen in den Aktienmarkt? Für 200 Euro/CHF kauft man keine Aktien. Sollen Sie sich an Ihre Bank wenden, um in einen »Sparplan« zu investieren? Die Geldinstitute bieten das häufig und gern an und behaupten, es habe große Vorteile, einfach monatlich einen immer gleichen Betrag »in Aktien« zu investieren. Bei niedrigen Kursen bekommt man dann mehr Anteile für sein Geld, bei hohen Kursen weniger – was ja auch sinnvoll sei.

Trotzdem raten wir von solchen Sparplänen ab. Ihre Bank legt Ihr Geld dann sehr wahrscheinlich in Fonds mit jährlichen Verwaltungskosten an, und wenn Sie nicht aufpassen, kommt bei jedem Kauf jeden Monat noch ein Ausgabeaufschlag von 5 Prozent dazu.

Nein, zahlen Sie das Geld, das Sie erübrigen können, monatlich auf ein Tagesgeldkonto oder Sparbuch ein. Da bringt es zwar nichts; die Zinsen, die es dort gibt, können Sie vergessen. Aber nach gut zwei Jahren haben Sie dann schon fast 5000 Euro/CHF beisammen und können damit Aktien kaufen, wenn die Lage gerade günstig ist für Aktien. Ist das nicht der Fall und die Börsen befinden sich gerade in einer Baisse, so warten Sie einfach weiter ab.

Für die erste Investition empfiehlt sich ein Standardwert mit guter Dividendenrendite, und die »relative Stärke« (diesen Begriff erläutern wir weiter unten) muss auch stimmen. Möglich wäre hier auch ein Indexzertifikat auf den DAX (oder für Schweizer auf den SMI), womit die Kursentwicklung des gesamten Index für Sie entscheidend wäre; in diesem Fall können Sie durchaus mit Ihrer Bank reden, ob sie ein solches Zertifikat spesengünstig im Angebot hat.

Wir stellen Ihnen im nächsten Kapitel auch bewährte Systeme vor, nach denen Sie sich richten können. Meldet das von Ihnen bevorzugte System ein Verkaufssignal oder fällt Ihre Aktie oder Ihr Indexzertifikat auf ein Neun-Monats-Tief, dann verkaufen Sie, warten ab und gehen wieder rein, wenn es grünes Licht gibt. Sie zahlen weiterhin monatlich das, was Sie erübrigen können, auf das Tagesgeldkonto oder Sparbuch ein, um Mittel für die nächste Investition zu sammeln.

Mit dieser Art der Vermögensbildung bzw. Altersversorgung sind Sie besser bedient als mit Sparplänen, Kapital-Lebensversicherungen oder Riester-Renten.

7.4 Für vernünftige Aktienkäufe brauchen Sie kein großes Fachwissen

»Man müsste direkt in den Unternehmen sitzen, um zu wissen, ob sich eine Geldanlage darin lohnt oder nicht. Als Kleinanleger hat man ja keine Ahnung, wann man kaufen oder verkaufen muss.«

Das ist eine weit verbreitete Meinung. Aber sie stimmt nicht. Auch die Insider, also die Unternehmensführer und Aufsichtsratsmitglieder, liegen in ihren Anlageentscheidungen oft völlig falsch. Außerdem sind die »Insider« verpflichtet, Käufe und Verkäufe des eigenen Unternehmens zu melden. Diese Angaben werden veröffentlicht und dienen der Entwicklung eines »Insider-Barometers«, an dem angeblich ablesbar ist, ob die führenden Unternehmer gerade eher kaufen oder verkaufen.

Das *Handelsblatt* hat ein »Insider-Barometer« entwickelt, das die Aktienkäufe und -verkäufe der Manager mit Insider-Wissen misst. Aber das müssen Sie nicht kennen! Denn diese Signale haben in der Vergangenheit schon häufig in die Irre geführt.

Der Grund dafür ist wohl, dass die Manager zwar über ihr Unternehmen und ihre Branche Bescheid wissen, aber aus diesem Wissen nur sehr bedingt auf den Gesamtmarkt geschlossen werden kann. Die Entwicklung einzelner Aktien ist leichter abzuschätzen als die Masse des Marktes mit all seinen Branchen und politischen Einflüssen.

Sicherlich setzen aber auch wir darauf, dass es Akteure am Markt gibt, die mehr wissen als andere. Dieses Wissen ist in den allermeisten Fällen in Form der relativen Stärke (RS) auch von Nutzen.

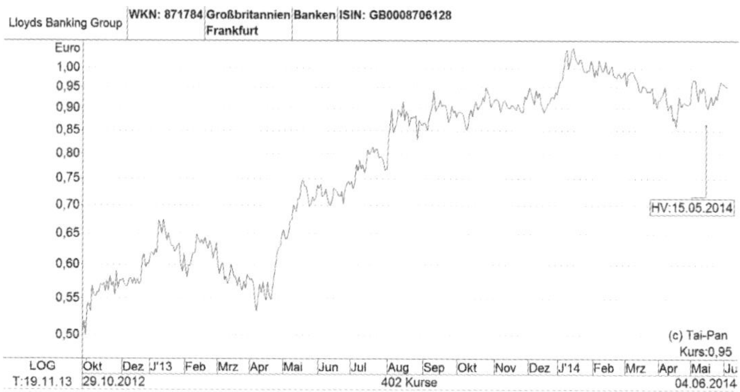

Abb. 15: Aktienkurs der Lloyds Banking Group

So fragte uns ein Leser im Sommer 2013, ob er die britische Lloyds Banking, die wir im November 2012 empfohlen hatten, nicht besser verkaufen solle. Ein Artikel in einer Fachzeitschrift hatte einige Risiken für die Anleger offengelegt. Doch die relative Stärke von Lloyds war weiterhin hervorragend, dazu war sie gerade einmal zum Buchwert zu haben. Wir sahen hier weiterhin eher Kaufchancen, womit wir letztlich auch ganz richtig gelegen haben, wie Sie am obigen Chart sehen können.

Sucht man nach geeigneten Kaufkandidaten, dann ist das Kriterium der relativen Stärke vielversprechender als all die Informationen, die man in den Medien sammeln kann. Denn all diese Informationen sind schon längst im Kurs enthalten, bis man als Privatanleger zu Käufen oder Verkäufen schreiten kann. »Relative Stärke« heißt, dass die Kursentwicklung einer Aktie in den letzten 15 Monaten viel besser verlief als der Durchschnitt des Landes oder der Branche, dem bzw. der sie angehört. In unserer Zeitschrift *Börsensignale* listen wir 700 Aktien, getrennt nach Ländern, nach ihrer relativen Stärke auf. Da sehen Sie auf den ersten Blick, welche Aktien stark oder schwach sind.

Viele Kriterien, nach denen ein Unternehmen beurteilt werden sollte, sind mithilfe der relativen Stärke abgedeckt. Das Wissen und die Erwartung von Insidern, Großaktionären und Experten fließen in den Aktienkurs ein, und daher gibt es meist gute Gründe dafür, wenn eine Aktie relativ stark ist!

Kaufen sollte man sie allerdings nur, wenn sie nach dem Kurs-Umsatz-Verhältnis (KUV) und Kurs-Buchwert-Verhältnis (KBV) noch recht günstig ist. Ansonsten läuft man Gefahr, dass ein Titel zwar gerade noch relativ stark, sein Kurs aber im Grunde schon ausgereizt ist. Dann braucht es nur geringe Anlässe, und die Großinvestoren steigen aus.

Das alles wird uns in den folgenden Kapiteln weiter beschäftigen.

8. Die Ermittlung von »fairen Preisen« bei Aktien

In diesem Kapitel zeigen wir Ihnen, wie man übertrieben hohe und unterbewertete Aktienmärkte erkennt, was Kurs-Umsatz-Verhältnisse und Kurs-Buchwert-Verhältnisse sind und was Ihnen die 20-Jahres-Durchschnitte bei Aktienindizes sagen.

8.1 Die Gefahr, genau zum falschen Zeitpunkt zu handeln

Haben Sie sich nun also entschieden, in Aktien zu investieren, dann gibt es zumindest *zwei* grundsätzliche Dinge, die Sie beachten müssen:

Zunächst ist der generelle Zeitpunkt für Käufe entscheidend, also die »Großwetterlage« am Aktienmarkt. Anschließend gilt es allerdings, einzelne Kaufkandidaten zu finden, die noch nicht zu teuer sind *und* sich bereits in einem vergleichsweise starken Aufwärtstrend befinden.

In diesem Kapitel werden wir uns vornehmlich mit der Frage beschäftigen, ob Investitionen am Aktienmarkt zu einem gegebenen Zeitpunkt überhaupt ratsam sind, wenn man den Preis beachtet, der für Unternehmensbeteiligungen zu zahlen ist: Sind Aktien ihren Preis wert?

Bei dieser Frage eine gute Orientierung zu besitzen, ist deswegen wichtig, weil Privatanleger (aber nicht nur diese!) häufig genau zur falschen Zeit und mit zu viel Risiko tätig werden. Insbesondere unerfahrene Anleger kaufen just zu dem Zeitpunkt, an dem die Preise schon sehr hoch und Aktien deutlich überbewertet sind. Die Chance für weitere Kursgewinne kann dann sehr viel geringer sein als die Gefahr, empfindliche Kursverluste zu erleiden. Und wenn Aktien einmal besonders günstig zu haben sind, wollen Privatanleger wiederum meist keine kaufen!

Vorweg möchten wir aber gleich darauf hinweisen, dass die Ermittlung von »fairen Preisen« bei Aktien zwar ein wertvolles Instrument zur grundsätzlichen Orientierung an der Börse ist. Doch es bedarf weiterer Erkenntnisse, um konkrete Kauf- und Verkaufsentscheidungen zu treffen; diese Erkenntnisse werden wir Ihnen im nächsten Kapitel erläutern. Denn einzig weil Aktien beispielsweise gerade über ihrem »eigentlich« fairen Wert notieren, bedeutet das nicht, dass sie deswegen bereits in wenigen Wochen einbrechen müssen! Nein. Lange Phasen der Übertreibung – nach oben oder nach unten – sind an der Börse eher die Regel als die Ausnahme, was wir Ihnen noch veranschaulichen werden.

Dass viele Anleger oft genau zum falschen Zeitpunkt handeln, ist aber auch verständlich. Denn es ist schwierig, sich von der allgemeinen Stimmung, wie sie von Experten und Medien überall meist unisono verbreitet wird, nicht anstecken zu lassen – zumal dann, wenn man als Privatanleger nicht einem bewährten Anlagesystem folgen kann, das eindeutige Kauf- und Verkaufssignale sendet.

Aber gerade dann, wenn die Stimmung schlecht ist und überall Untergangsszenarien an die Wand gemalt werden, ist es unter Umständen an der Zeit, Aktien zu kaufen. Und auch hier gilt der umgekehrte Fall: Ist die Stimmung blendend und man liest überall von den großen Chancen am Aktienmarkt, dann wird es wohl bald Zeit, sich von all seinen Aktien zu trennen!

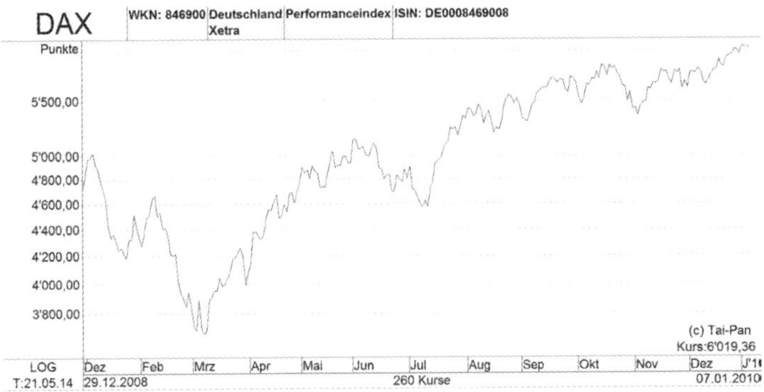

Abb. 16: DAX 2009 – Erinnern Sie sich noch an das Jahr 2009? Kurz nachdem sich die US-Immobilienkrise zur großen Finanzkrise ausgeweitet hatte, stürzte die Weltwirtschaft endgültig in eine schwere Krise und die Stimmung war äußerst düster. Doch der DAX legte in diesem Jahr um gut 20 Prozent zu!

In der Tat braucht man für solch ein anscheinend paradoxes Handeln, insbesondere als Börsenneuling, eine Portion Mut. Doch es hilft gewiss, sich zu vergegenwärtigen, dass an der Börse nicht die Gegenwart entscheidend ist, sondern die *Zukunft*!

Zeigt beispielsweise die Konjunktur gegenwärtig erkennbar aufwärts, dann ist dies in den Aktienkursen meist schon längst berücksichtigt. Eine bereits boomende Wirtschaft ist daher auch meist *kein* guter Zeitpunkt für Aktienkäufe! Denn die höheren Gewinnaussichten eines Unternehmens haben sich schon längst im höheren Aktienkurs niedergeschlagen. Im Gegenteil gilt die Regel: Läuft die Wirtschaft auf Hochtouren, dann geht es am Aktienmarkt bereits wieder bergab. Denn die Konjunktur kann ja kaum noch besser werden, sondern in Zukunft im Grunde nur noch schlechter.

Da es jedoch um die Zukunft geht, die ja stets ungewiss ist, täuscht sich die Börse mit ihren Erwartungen, wie sie sich in den Aktienkursen widerspiegeln, auch immer wieder. Denn weder sind allen Anlegern sämtliche relevanten Fakten bekannt, auf denen ihre Entscheidungen basieren, noch darf man glauben, dass die Händler diese Fakten allesamt völlig rational interpretieren und auch dementsprechend handeln. Es bleibt immer eine mehr oder weniger große Ungewissheit, gepaart mit übertriebenen Ängsten oder unkritischer Euphorie. Auch die Börsen sind unsicher, sie bewegen sich tastend und suchend, und übertreiben auch mal gehörig nach oben und nach unten.

8.2 Die Börse hat immer recht? – Die Theorie der effizienten Märkte

Nun gibt es allerdings eine große Gemeinde von meist akademischen Experten, die der Meinung sind, die Börse habe immer recht. Befragt man etwa Universitätsprofessoren aus dem Fachbereich »Wirtschaft«, ob denn die Börse immer recht habe, so wird man häufig die Antwort hören, dass dies sehr wohl zutreffe. Die betreffenden Professoren gehen sogar noch einen Schritt weiter und erklären die jeweils neuesten Kurse für objektiv. Denn diese enthielten alle gegenwärtig bekannten Informationen, die in den Kursen voll berücksichtigt seien. Die Zukunft kenne niemand. Daher sei es auch falsch, aus einem momentanen Trend die Zukunft ablesen zu wollen. Trends könnten sich aufgrund neuer Informationen wieder schnell ändern. Aber ob und wann dies geschehe, darüber zu spekulieren sei nicht Erfolg versprechender als zu würfeln. Was kommen wird, das wisse man einfach nicht.

Diese für den Anleger nicht sehr angenehme Auffassung nennt man »Theorie der effizienten Märkte«. Und es gibt mehrere fragwürdige Beweisführungen, dass diese Theorie richtig sei.

So staunen immer wieder Besitzer von Aktien eines Unternehmens, warum der Kurs einfach nicht steigen will, obwohl ständig gute Nachrichten über die Firma publiziert werden. Da werden glänzende Eigenkapitalquoten und hohe Quartalsgewinne gemeldet. Doch warum steigen die Kurse nicht? Es ist so, wie zuvor beschrieben: Die Börse hat diese guten Zahlen längst geahnt, die Kurse waren daher schon längst vorher gestiegen. Genau aus diesem Grund kann sie die Publikation solcher Meldungen nicht mehr vom Sessel reißen. Eher im Gegenteil. Wenn die Veröffentlichung positiver Meldungen den Kurs nicht mehr weiter nach oben zieht, dann kann es im Grunde künftig nur noch abwärtsgehen. So denken erfahrene Börsianer und verkaufen erst einmal, um sich die Kursgewinne zu sichern.

Die Vertreter der »Theorie der effizienten Märkte« haben noch ein zweites gutes Argument. Wenn man aus gegenwärtigen Zahlen von Unternehmen oder aufgrund von Trends künftige Börsenkurse vorhersehen könne, dann würden Fondsmanager, die sich tagtäglich damit befassen, doch sehr viel besser abschneiden als ein Aktienindex wie etwa der DAX, der nur den Durchschnittsverlauf des Marktes wiedergebe. Doch die Mehrzahl der Aktienfonds schneidet Jahr für Jahr deutlich schlechter ab als ihr vergleichbarer Aktienindex, wie sich immer wieder statistisch nachweisen lässt.

Nicht einmal die Topmanager eines Unternehmens, die ja Insider sind, träfen stets die richtige Entscheidung bei ihren Käufen und Verkäufen eigener Aktien, es sei denn, es handele sich um ganz entscheidende Informationen wie eine drohende Insolvenz. Aber in solchen Fällen ist Insiderhandeln ohne vorherige Publikation ja strafbar.

Schlussfolgerung: Es gebe keine Möglichkeit, an der Börse etwas vorherzusagen. Wer recht hat, entscheidet erst die Zukunft. Und wer sich damit brüste, er habe dies oder jenes vorhergesehen, habe einfach Glück gehabt oder setze auf die Vergesslichkeit seiner Leser! Man solle sich also damit bescheiden, ein breit gestreutes, risikoarmes Portfolio zusammenzustellen, etwa nach den Richtlinien des Nobelpreisträgers Harry M. Markowitz (»Lege nicht alle Eier in einen Korb!«). Da der Aktienmarkt langfristig steige, könne man auf diese Weise gute Renditen bei geringem Risiko erzielen. Aber es sei unmöglich, Erfolge durch »Timing«, also Einstieg und Ausstieg in Aktien durch Ermittlung mittelfristig günstiger Kauf- und Verkaufszeitpunkte zu erzielen. Alle Methoden, die dies versuchten, würden nur im Nachhinein funktionieren. Der Markt bewege sich dazu zu unregelmäßig.

Professor Burton Malkiel war es, der die »Theorie der effizienten Märkte« entwickelt hat. Jeder Börsenkurs, so lehrte er, entspreche dem gegenwärtigen Informationsstand. Die heutigen Kurse seien deshalb nicht unbedingt »richtig« oder »gerecht«. Die Nachrichten von morgen bringen sicherlich neue Fakten, die die Kurse wieder verändern. Aber nachdem man die Nachrichten von morgen nicht kenne, könne man auch keine Prognosen abgeben.

8.3 Die Börse hat keineswegs immer recht!

Man muss sich einmal vergegenwärtigen, was es bedeuten würde, wenn die Anhänger der Theorie der effizienten Märkte recht hätten! Wir müssten damit aufhören, Trends zu berechnen, Chartbilder zu analysieren und Unternehmensdaten auszuwerten. Das wäre völlig sinnlos, denn der Kurs jeder Aktie wäre nach dem jetzigen Informationsstand genau richtig, weil »der Markt alles weiß«. Er hätte bereits auch sämtliche »Frühindikatoren« berücksichtigt, mit deren Hilfe man sich Aufschluss über die nahe Zukunft von Wirtschaft und Börse erhofft. Nichts bliebe dem Markt verborgen, und statt Prognosen zu stellen, könnte man ebenso gut würfeln.

Dass die Mehrzahl der Professoren der Volkswirtschaft so denkt, ist ein Trauerspiel. Sind es eigene Misserfolge, die sie dazu veranlasst haben, sich auf die bequeme These zurückzuziehen, Börsenprognosen seien unmöglich?

Die Börse berücksichtigt keineswegs alle bekannten Fakten. Sie ist von Stimmungen und Emotionen abhängig und übertreibt in ihrer Kursbildung massiv nach oben und nach unten.

Es kann ja wohl nicht sein, dass in den Jahren 1998, 2000 und 2007 Kurse über 6000 bzw. 8000 für den DAX oder SMI als fair angesehen wurden, hingegen im März 2003 und im März 2009 nur etwa Indexstände von DAX und SMI um 4000 oder noch weniger.

Wie wenig effizient die Märkte sind, zeigte in den Jahren 1998 bis 2000 besonders der »Neue Markt«. Wie konnte es passieren, dass ein Tochterunternehmen am Neuen Markt wesentlich höher bewertet wurde als die Konzernmutter, die 80 Prozent der Aktien der Tochter hielt? Wer kann da behaupten, Börsenkurse spiegelten alle Informationen wider?

Spätestens mit dem Ausbruch der großen Finanzkrise ab etwa Herbst 2008 hat das Weltbild von den effizienten Märkten allerdings empfindliche Risse bekommen.

Abb. 17: Schweizer Aktienindex SMI – Der Verlauf der Kurve zeigt, dass ein gegenwärtiger Kurs einer Aktie oder auch eines Aktienindex nicht nur objektive Informationen enthält, sondern auch eine Menge an unrealistischen Hoffnungen und Ängsten, die mit in den Kurs eingeflossen sind.

Es gehörte immer zu den Grundsätzen einer »freien Marktwirtschaft«, dass die Kapitalmärkte automatisch dafür sorgen, dass die Geldmittel ihrer rentabelsten Verwendung zugeführt werden. Der »freie Markt« steuere die Kapitalströme am besten. Das Geld fließe dorthin, wo die höchste Rendite winkt. Sollte das plötzlich nicht mehr zutreffen? Sollten die Finanzmärkte so irrational reagieren? So ist es tatsächlich, auch wenn man es bedauern mag. Die Börse spiegelt nicht faire Preise wider, sondern ist durchaus in der Lage, übertrieben hohe Kurse weiter zu verteuern und zu Unrecht unterbewertete Aktien noch weiter in den Keller zu schicken. Denn sie gibt eben nicht nur die Wirtschaftslage an, sondern enthält auch allgemeine Erwartungen und Befürchtungen. Die Anpassung an die Wirklichkeit kommt freilich noch hinterher, und insofern ist die Steuerung des »freien Marktes« nicht abgeschafft. Aber sie kommt oft sehr spät und explosionsartig!

Auch ein Anleger, der nach dem 11. September 2001 einstieg und sich darauf verließ, dass er nun billig genug eingekauft habe und engagiert bleiben könne, erlebte anschließend im Sommer 2002 eine böse Überraschung, als die meisten Aktienkurse noch auf ein sehr viel tieferes Niveau fielen, als es im September 2001 der Fall gewesen war. Solche Rückschläge ereignen sich offenbar dann, wenn das Vertrauen in die Wirtschaft nachhaltig gestört ist und die Hoffnung auf Besserung immer mehr schwindet.

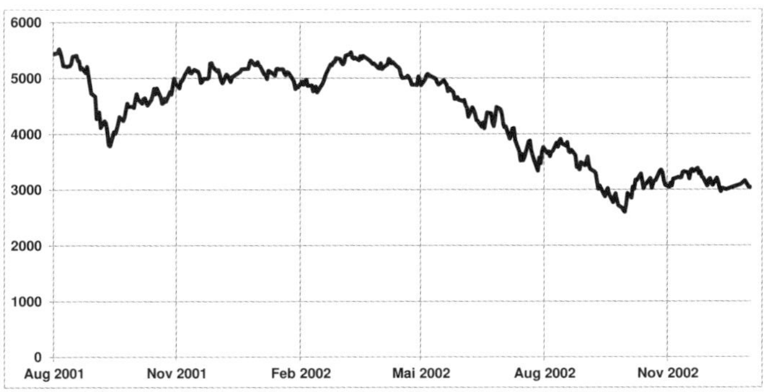

Abb. 18: Dax August 2001–Januar 2003

8.4 Aktien sind keine Daueranlage

Die Ansicht, dass die Börse alles wisse und in ihren Kursen alle Daten berücksichtige, und es daher keinerlei Anhaltspunkte gebe, wohin der Kurstrend in den nächsten Monaten wahrscheinlich laufen werde, hat schon früher nicht gestimmt und stimmt auch heute nicht.

Wir wollen zeigen, dass es entgegen der Theorie der »effizienten Märkte« sehr wohl Möglichkeiten gibt, Chancen und Gefahren am Aktienmarkt zu erkennen und auch Auswahlmethoden zu finden, die besser abschneiden als ein Aktienindex. Dabei müssen einfach bestimmte Regeln eingehalten werden und es ist sehr viel Disziplin nötig. Aber im Grunde ist es auch nicht schwer, einen verhältnismäßig klaren Blick auch in schwierigen Börsenzeiten zu bewahren.

Freilich kennt niemand die exakt passenden Kauf- und Verkaufszeitpunkte. Dazu bewegt sich die Börse zu unregelmäßig. Aber deshalb Aktien als Daueranlage zu betrachten, wie Professoren vorschlagen, und alle Schwankungen auszuhalten, ist auch nicht das richtige Rezept.

Derartige Schwankungen, wie man sie zum Beispiel beim DAX oder SMI in den vergangenen 13 Jahren erleben konnte, machen die Auffassung fast lächerlich, dass es gut sein soll, zu beliebigen Zeiten zu kaufen. Wer die folgende Grafik anschaut, für den ist sonnenklar, dass man »oben« auch mal verkaufen muss und »unten« wieder einsteigt.

Abb. 19: S&P 500 1994–2014

Nur: Wo ist »oben« und wo ist »unten«? Weiß man das nicht erst im Nachhinein? Zwar ist bekannt, dass zwei Drittel aller Kalenderjahre Hausse-Jahre für Aktien sind und ein Drittel Baisse-Jahre. Doch einen praktischen Nutzen aus dieser Erkenntnis hat der Anleger nicht. Wer zu Beginn des Jahres 2006 seine Aktien verkaufte, weil die Jahre 2003 bis 2005 steigende Kurse gebracht hatten, bereute seine Entscheidung bald. Denn auch in den Jahren 2006 und 2007 gab es noch einmal kräftige Kursgewinne. Erst im Jahr 2008, als trotz Finanzkrise die wenigsten mit einem Absturz rechneten, kam es zu schweren Kursverlusten.

Was also ist zu tun? Gibt es nicht auch objektive Anhaltspunkte dafür, wo der faire Wert eines Index liegen müsste, wenn man betriebs- und volkswirtschaftliche Daten betrachtet? Ließe sich anhand der sogenannten *Fundamentaldaten* der faire Wert ermitteln, dann wären davon abweichende Index-Stände jederzeit als Übertreibungen nach oben und unten erkennbar.

8.5 Kurs-Umsatz-Verhältnis

Eine weit verbreitete fundamentale Betrachtungsweise zum fairen Wert einer Aktie ist das Verhältnis des Börsenkurses zu den Gewinnen eines Unternehmens (Kurs-Gewinn-Verhältnis, KGV). Dieses Verhältnis wird ermittelt, indem man den Börsenwert eines Unternehmens durch seinen (Jahres-) Gewinn teilt. Oder man nimmt den Aktienkurs und dividiert ihn durch den Gewinn pro Aktie. Preiswert wäre eine Aktie mit einem KGV von 10, ein KGV von 15 ist normal, und bei einem KGV von 20 wäre eine Aktien schon recht teuer.

Dieser Analysemethode steht allerdings die Tatsache gegenüber, dass die Kurs-Gewinn-Verhältnisse, die in Börsenzeitschriften ja schon für die kommenden Jahre *geschätzt* werden, nie verlässlich sind. Vielmehr wird das KGV in der Regel erst mit einem Jahr Verspätung nach Bekanntgabe der tatsächlichen Unternehmensergebnisse korrekt dargestellt. Vorhergehende Schätzungen sind meist falsch; in der Hausse sind sie viel zu optimistisch, in der Baisse zu pessimistisch.

Einen wertvollen Ansatz für eine faire fundamentale Betrachtungsweise hat hingegen der Amerikaner James P. O'Shaughnessy geleistet. In einer Studie, die sich über die zweite Hälfte des 20. Jahrhunderts erstreckte, wies er nach, dass die Betrachtung des durchschnittlichen *Kurs-Umsatz-Verhältnisses* (KUV) wertvolle Hinweise liefert, ob der Aktienmarkt als Ganzes zu hoch oder zu tief liegt.

Warum Umsätze und nicht Gewinne? Umsätze sind konjunkturunabhängiger als die Gewinne und daher auch konstanter als diese. Obendrein lassen sich Gewinne von geschickten Buchhaltern je nach Interessenlage relativ leicht beeinflussen; mit Umsätzen ist dies weitaus schwieriger. Daher sind Umsätze eines Unternehmens viel geeigneter, um einen langfristigen Vergleich mit den Börsenkursen herzustellen.

Nehmen wir die Aktien, die zum Schweizer Leitindex SMI gehören und lassen dabei die Bank- und Versicherungsaktien weg, deren Umsätze mit denen von Industrieunternehmen nicht vergleichbar sind, so kommen wir in den Jahren 1998 bis 2014 zu einem durchschnittlichen Kurs-Umsatz-Verhältnis der Industrietitel der Schweiz von 2,31. Das ist also das durchschnittliche faire Kurs-Umsatz-Verhältnis. Wenn wir davon ausgehen, dann waren die Kurs-Umsatz-Verhältnisse, wie wir sie am 21. Dezember 2007, also vor dem großen Absturz, feststellten, schon bedenklich.

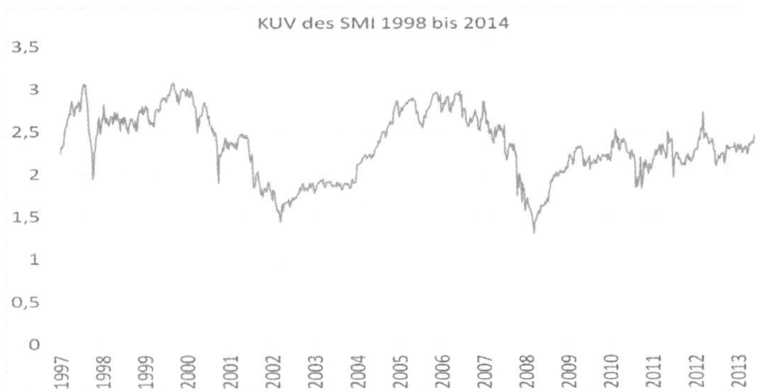

Abb. 20: Kurs-Umsatz-Verhältnis beim SMI seit 1998

Die 20 Schweizer Aktien, die im SMI-Index enthalten sind – ohne Finanztitel – meldeten damals ein durchschnittliches KUV von 2,85; das war fast 25 Prozent höher als dem »fairen Durchschnittswert« entsprach. Der SMI lag bei 8468 Punkten. Es war also völlig verfehlt, wenn Analysten zu dieser Zeit immer noch von »niedrigen Bewertungen« sprachen. Extrem niedrig war das KUV des SMI am 7.März 2003 mit 1,27! Gehen wir von diesem niedrigen Extremwert aus, so hätte man Ende 2007 wissen können, dass in einer kommenden Wirtschaftskrise ein Absturzpotenzial des Index von 55 Prozent durchaus möglich war. Doch alle kauften, also kaufte man auch. Die Argumente für die Sorglosigkeit waren 2007 dieselben wie immer: Aktienbesitzer hätten »die beste aller Welten« vor sich, nämlich historisch niedrige Zinsen, verbunden mit Rekordgewinnen der Unternehmen. Fast alle Börsenbeobachter haben sich geirrt.

Nach fünf aufeinanderfolgenden Hausse-Jahren wie 2003 bis 2007 hätte man wissen können, dass demnächst eine starke Korrektur wahrscheinlich war. Wer nämlich zugleich den »fairen Durchschnittswert« der Indizes anhand des Kurs-Umsatz-Verhältnisses beobachtet hatte, der wusste zudem, dass die Aktienbewertungen keineswegs niedrig waren, ganz gleich, welche Gewinne von den Unternehmen gemeldet und von den Analysten für die Zukunft geschätzt wurden! Daher kam der Absturz der Indizes im Herbst 2008 nicht überraschend. Der SMI schöpfte beinahe sein gesamtes Absturzpotenzial der errechneten 55 Prozent aus; im März 2009 lag das SMI-KUV bei 1,30 und der SMI bei 4312 Punkten.

Sie sehen, dass sich Aktienkurse, zumindest was ihre durchschnittlichen Kurse betrifft, nicht »zufällig« nach oben und unten bewegen, sondern dass es stimmungsbedingte Übertreibungen gibt, die dann auch wieder korrigiert werden.

Das bedeutet nun nicht, dass Sie *nur noch* nach dem Stand des Durchschnitts-KUV handeln sollten, also *antizyklisch* kaufen, wenn die Kurse unten sind, und verkaufen, wenn sie oben sind. Es gibt auch noch andere günstige Zeitpunkte zum Kauf oder Verkauf. Aber die KUV-Zahlen sollten für Sie auf jeden Fall Hinweise dafür sein, wann die Kurse allmählich gefährlich hoch oder erfreulich niedrig sind.

8.6 Im Durchschnitt zu teuer: US-Standardwerte und SMI-Titel

Im Übrigen sind US-Aktien im Vergleich zum europäischen Durchschnitt sehr teuer, wenn man das KUV zugrunde legt. Das durchschnittliche Kurs-Umsatz-Verhältnis der Aktien, die im Dow-Jones-Index sind, liegt bei rund 1,9. Der faire Wert wäre aber nach O'Shaughnessy nur 1,0. Auch wenn man eine größere Anzahl US-Aktien nimmt als die 30 im Dow Jones gelisteten Titel, sieht es nicht viel besser aus. US-Aktien sind derzeit fast am teuersten, italienische Aktien derzeit am preiswertesten.

Insofern sollte man mit Käufen von US-Titeln zwar etwas zurückhaltend sein, doch muss man feststellen, dass dieses verhältnismäßig hohe KUV jetzt schon seit fast zwei Jahrzehnten besteht. Es liegt an den internationalen Fonds, die eben die USA als Wirtschaftsmacht Nr.1 in der Welt bei ihren Käufen bevorzugen. Sie haben einen Bonus, und daran wird sich so schnell nichts ändern.

Dasselbe gilt für die SMI-Titel. Erstaunlicherweise weisen die 20 Schweizer Aktien, die im SMI-Index enthalten sind, nicht selten ein doppelt so hohes Durchschnitts-KUV auf wie die übrigen Schweizer Aktien; im Frühjahr 2014 lag das Durchschnitts-KUV des SMI bei 2,33, die übrigen Schweizer Aktien hatten hier einen Wert von 1,35. Auch das ist schon lange so und bedeutet nicht, dass die SMI-Aktien absturzgefährdet wären.

Die Ursache liegt auch hier in den internationalen Fonds. Sie kaufen Schweizer Aktien – vor allem wegen der stabilen Währung – und gehen eben in die bequemen großen SMI-Titel, um sich die Analyse der kleineren Unternehmen zu sparen.

8.7 Das 20-Jahres-Durchschnitts-Verfahren

Es gibt jedoch noch ein weiteres Verfahren, um den »fairen« Wert eines Aktienindex zu messen.

Langfristig ist nämlich durchaus berechenbar, um wie viel Prozent ein Aktienindex jährlich im Durchschnitt zulegt. Und unter Weglassung der kurz- und mittelfristigen extremen Schwankungen gibt ein Index letztlich schon den wahren Wert der in ihm enthaltenen Aktien an.

Dabei darf man freilich nicht so naiv vorgehen, wie das ein deutscher Börsenbriefschreiber Ende 1999 vorführte. Er rechnete sich aus, dass der Dow-Jones-Index, damals bei 10 500 Punkten, von 1985 bis 1999 durchschnittlich jährlich um 14 Prozent gestiegen sei und meinte, das werde sich natürlich so fortsetzen. Er kam dann für 2004 auf einen Wert von 20 000 Punkten. Aber selbst zehn Jahre später ist dieser Wert noch nicht erreicht. Sein Fehler: Der ausgewählte Berechnungszeitraum war erstens viel zu kurz und zweitens in einer extrem günstigen Kurssteigerungsbewegung gewählt.

Abb. 21: Dow Jones Industrial ab 1985

Um den fairen Wert eines Aktienindex korrekt zu ermitteln, gehen wir wie folgt vor: Man nehme einen sehr langfristigen Durchschnitt, zum Beispiel 20 Jahre, und bereinige diesen um einen Faktor, um den die Kurse in den letzten vier Jahrzehnten vom 20-Jahres-Durchschnitt im Mittel abgewichen sind. Diese Bereinigung ist deswegen wichtig, weil der aktuelle Wert eines Aktienindex im Durchschnitt deutlich höher liegen würde als der 20-Jahres-Durchschnitt. Denn auf lange Sicht muss ein Index immer steigen, zum einen wegen der Inflationsrate und zum zweiten wegen des Wirtschaftswachstums.

Im April 2014 betrug der 20-Jahres-Durchschnitt des SMI 6180 Punkte. Die mittlere Abweichung von diesem Durchschnitt betrug 1,44495 Punkte. Daraus ergibt sich ein fairer SMI von 8966 Punkten, der reale SMI notiert bei 8299.

Abb. 22: Fairer SMI

Betrachten wir den Eurostoxx50. Für diesen Index wurden am 26. Februar 1998 die damals 50 wichtigsten Aktien der Eurozone ausgewählt und nach ihrem Börsenwert im Index entsprechend gewichtet. Der Index wird weltweit stark gehandelt, obwohl er den Nachteil hat, dass die britischen und schweizerischen Unternehmen hier nicht enthalten sind.

Es handelt sich um einen Kursindex; die Dividenden werden also im Gegensatz zum DAX nicht mit einberechnet. Trotzdem ist sein aktueller Wert offenbar historisch sehr niedrig, wie Sie auf den ersten Blick sehen. Er liegt sogar etwas tiefer als bei seinem Start!

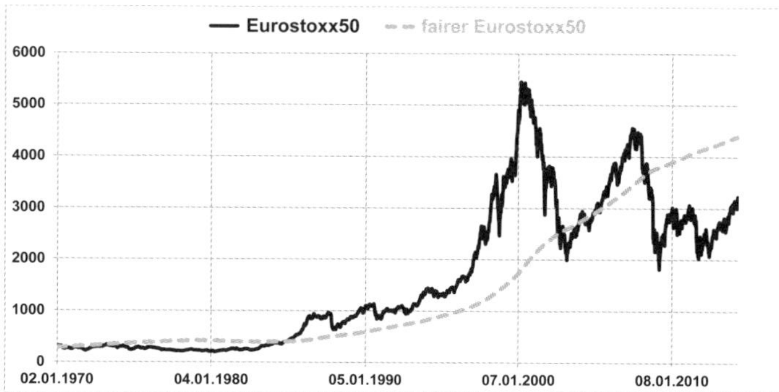

Abb. 23: Fairer Eurostoxx50

Das liegt daran, dass die Anleger in aller Welt durch die Diskussion um den Euro und die hohe Arbeitslosigkeit im Süden Europas immer noch recht skeptisch sind, was die Gewinnaussichten in Europa betrifft. In Deutschland merken wir das nicht so stark an den Kursen, weil sich die im Eurostoxx50 enthaltenen DAX-Unternehmen doch relativ gut entwickelt haben.

Um einen 20-Jahres-Durchschnitt des Eurostoxx50-Index und seine durchschnittliche Abweichung von diesem Durchschnitt zu berechnen, muss man den Index freilich noch mindestens weitere 20 Jahre zurückberechnen, was ja mathematisch kein Problem ist.

Der *faire* Wert des Eurostoxx50 (April 2014 bei 3.230) müsste nach dieser Berechnung bei 4395 Punkten liegen. Wenn er weit nach oben übertreiben sollte, wie im Jahr 2000, sind in der laufenden Hausse auch wieder 5500 Punkte möglich.

Der extrem niedrige Stand des Eurostoxx50 zeigt, dass die Aktienbörsen im Frühjahr 2014 noch längst nicht »oben« sind, auch wenn der SMI von seinem fairen Wert nicht mehr weit entfernt ist. Der DAX notiert gar oberhalb seines fairen Wertes, wegen der starken deutschen Wirtschaft im Jahr in 2012/13.

Hier die neuesten »fairen Indexstände« nach dieser Berechnung:

	Aktueller Stand (April 2014)	»Fairer« Wert nach langfrist. Durchschnitt
S&P 500	1816	1881
DAX	9315	8465
SMI	8299	8966
ATX (Österreich)	2498	2990
FT 100	6562	7810
Weltindex	136,80	163,22

Das bedeutet nicht, dass der Eurostoxx50 schon bald wieder zu seinem fairen Wert zurückkehren wird oder diesen übertrifft. Die vorangegangene Grafik zeigt, dass er in der Vergangenheit bis zu einem halben Jahrzehnt unter oder über seinem fairen Wert blieb, je nach Konjunkturlage, Markteuphorie oder auch politischen Krisen. Aber man kann damit rechnen, dass der faire Wert immer wieder mal nach oben oder auch nach unten geschnitten wird. Im Moment bedeutet dies, dass Sie sich als Anleger in Aktien nicht von irgendwelchem Krisengerede einschüchtern lassen sollten. Denken Sie daran, dass Aktien Sachwerte sind, deren Wert immer wieder neu entdeckt und gewürdigt wird. Ja, kurz- und mittelfristig irrt sich die Börse. Aber langfristig fährt sie einen klaren Kurs, an dem man sich orientieren kann.

So hätte man auch vor dem Crash im Oktober 1987 gewarnt sein können, als sich DAX und S&P 500 im Sommer 1987 etwa 45 Prozent über ihrem fairen Wert befanden. Besonders extrem wichen die Indizes in den Jahren 1997 bis Anfang 2000 nach oben ab, teilweise weit über 100 Prozent. 2003 und Ende 2008 wurde dann wieder nach unten übertrieben.

Abb. 24: Fairer DAX

Abb. 25: Fairer S&P 500

8.8 Der Weltindex und sein fairer Wert

Um jederzeit nicht nur einzelne Indizes, sondern weltweit das Kursniveau überprüfen zu können, haben wir einen »Weltindex« konstruiert. Dieser Index setzt den Stand 31.12.2004 = 100 und setzt sich aus folgenden Aktienindizes zusammen:

- USA S&P 500 (dreifach gewichtet)
- Eurostoxx50 (dreifach gewichtet)
- Japans Nikkei (zweifach gewichtet)
- Großbritanniens FT 100 (einfach gewichtet)
- Hongkongs Hangseng (einfach gewichtet)
- Singapurs Straits Time (einfach gewichtet)

Entsprechend sind auch die Währungen in diesem Index gewichtet.

Beim Weltindex ist es natürlich noch interessanter zu betrachten, wie er sich derzeit zu seinem fairen Wert verhält. Aktuell läge der faire Wert um rund 20 Prozent über dem Stand vom April 2014.

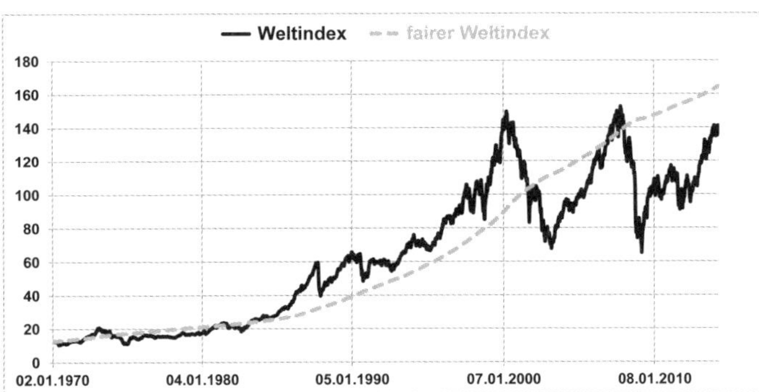

Abb. 26: Fairer Weltindex

Wenn wir also feststellen, dass das Aktien-Weltniveau um 20 Prozent niedriger ist, als es seinem fairen Wert entspricht, dann ist das zwar wie erwähnt keine Prognose, dass sich die Kurse demnächst in Richtung faires Niveau bewegen. Aber es kann für den Anleger ein wichtiger Anhaltspunkt sein, zu beurteilen, wie groß die Kurschancen oder das Kursrisiko am Aktienmarkt momentan sind. Man kann im Zweifelsfall leichter in Aktien engagiert bleiben, wenn man weiß, dass die Kurse derzeit nicht unverhältnismäßig hoch sind.

Seit sechs Jahren übertreibt die Börse massiv nach unten. Das wird auch durch Meinungsumfragen über das Thema »Anlage in Aktien« und durch das derzeit geringe Interesse an Büchern über Aktien bestätigt. Der Schock über die Verluste am »Neuen Markt« 2000–2002, die Finanzkrise 2008/2009 und der Ärger über die Bankberatung wirken immer noch nach.

8.9 Warnsignale der 200-Tage-Kurve

Wenn man darauf achten will, ob die Börsen gerade überbewertet sind, sollte man auch einen Blick auf die sogenannte »200-Tage-Kurve« werfen. Mit dieser Kurve bilden wir ab, wie viel Prozent der 34 führenden Aktienindizes aus aller Welt gerade über ihrem Kursdurchschnitt der vergangenen 200 Tage (= 40 Wochen) liegen.

Dabei kommt es nicht darauf an, ob der Abstand zum 200-Tage-Durchschnitt groß oder klein ist, sondern nur, wie viele es sind, die über ihrem Durchschnitt liegen. Sind es nahezu 100 Prozent der Aktienindizes, die es geschafft haben, dann kann das im Prinzip schon ein Hinweis darauf sein, dass das Aktien-Kursniveau rückschlagsgefährdet ist. Doch wenn man einmal die Kurve bis 2005 zurückverfolgt, wird man feststellen, dass sich die Phasen, in der die Kurve ganz oben war, in der Regel sehr lange hinziehen, oft Jahre.

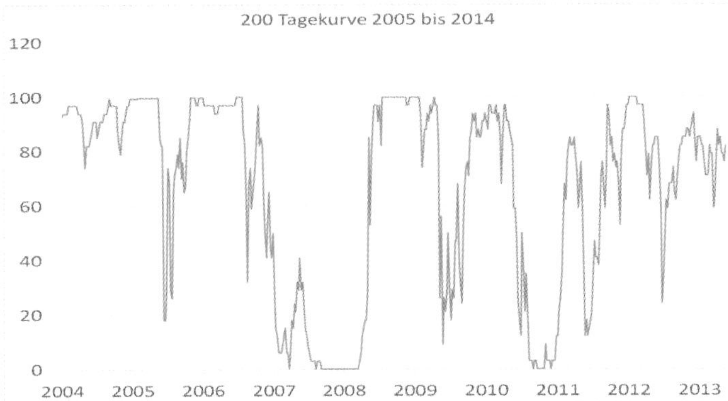

Abb. 27: 200-Tage-Kurve 2005 bis 2014

Es gibt zwar dazwischen immer Wellen nach unten, die aber noch nicht in eine handfeste Aktien-Baisse ausarten müssen. Richtig gefährlich wird es eigentlich erst dann, wenn die Kurve auf 20 Prozent oder noch tiefer absackt. Dann braucht sie meist 6 bis 12 Monate, um sich aus einer tiefen Depression wieder zu befreien, wie wir zum Beispiel aus der Zeit 2008/2009 kennen. Ende 2011/Anfang 2012 ging es allerdings etwas schneller, weil das Kursniveau einfach viel zu niedrig war.

Gehen wir einmal in frühere Zeiten zurück, zum Beispiel in die 1980er-Jahre, so ergibt sich ein ähnliches Bild.

Dass die Weltbörsen in den Jahren 1985 bis 1987 keine nennenswerten Kurseinbrüche erlebten, kommt drei Jahre hintereinander selten vor, zeigt aber, dass sich eine Hausse sehr viel länger hinziehen kann, als man meint. Konnte man in der ersten Jahreshälfte 1987 noch davon ausgehen, dass der Kurseinbruch nun kommen werde, zumal die Anleihezinsen stiegen, so zeigte der Sommer 1987 mit seinem nochmaligen Aufschwung, wie zäh die Aktien-Hausse war.

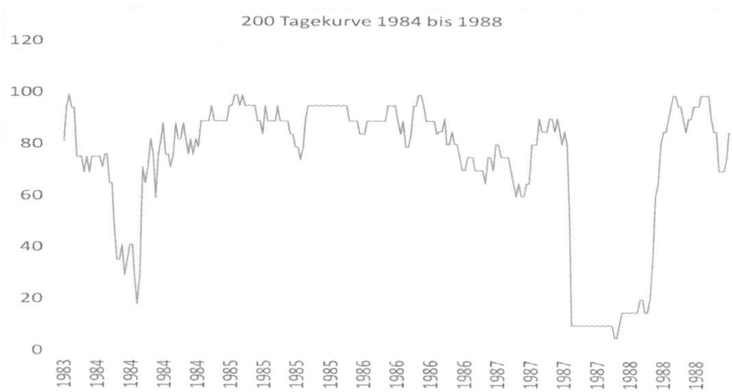

Abb. 28: 200-Tage-Kurve 1984 bis 1988

8.10 »Sichere Dividenden-Aktien« als Daueranlage?

Gibt es aber Aktien, die man als Daueranlage halten könnte? Damit würde man das ständige Kontrollieren von Über- und Unterbewertungen ebenso umgehen wie die Suche nach den richtigen Zeitpunkten zum Ein- und Ausstieg. Anbieten würden sich Aktien, denen nicht viel passieren kann, weil das Produkt des Unternehmens sehr begehrt oder gar lebensnotwendig ist; und Aktien, die im Kurs nicht nennenswert schwanken und obendrein eine hohe und konstante Dividendenausschüttung aufweisen.

Die Dividende ist der Teil des Gewinns eines Unternehmens, der an die Aktionäre jährlich oder vierteljährlich ausbezahlt wird. Diese Auszahlung ist aber keineswegs sicher und kann entgegen der Ankündigung des Unternehmens im Laufe des Geschäftsjahres auch reduziert oder gänzlich gestrichen werden.

Daher ist es durchaus richtig, dass nicht nur die Höhe der Dividendenrendite (Dividende als Anteil am Aktienkurs in Prozent) entscheidend ist. Wichtig ist auch, dass die Firma über ein Jahrzehnt lang die Dividende nie gekürzt, sondern sie im Gegenteil kontinuierlich erhöht hat. Unternehmen, auf die solche Kriterien zutreffen, weisen häufig Familien oder Stiftungen als Großaktionäre auf. Die sind nämlich gleichermaßen am Wohl der Firma und an konstanten Dividenden interessiert.

Dazu gehören in Deutschland etwa Fuchs Petrolub, Henkel, Fresenius, Fresenius Medical Care, Fielmann, Gerry Weber, SAP, Munich RE, Linde und Baywa. An ausländischen Unternehmen könnte man McDonald's, Exxon, Philip Morris, Nestlé, Total, LVMH, L'Oréal und Hennes & Mauritz aufzählen.

All die genannten Konzerne haben seit über einem Jahrzehnt ihre Dividende nie gekürzt, sondern meistens sogar kontinuierlich erhöht. – Aber als Daueranlage? Nein!

Schauen wir uns beispielsweise einmal die Aktie von Fuchs Petrolub an. Zwar hat der Hersteller von Schmierstoffen seine Höchstkurse aus 2007 längst bei Weitem übertroffen und notiert heute mehr als doppelt so hoch. Aber wer glaubt, dass solche Aktien von einer Baisse weitgehend verschont bleiben, täuscht sich. Ende 2008 brach der Kurs ebenso ein wie bei den meisten anderen Aktien und drittelte sich sogar gegenüber den Hochs von 2007.

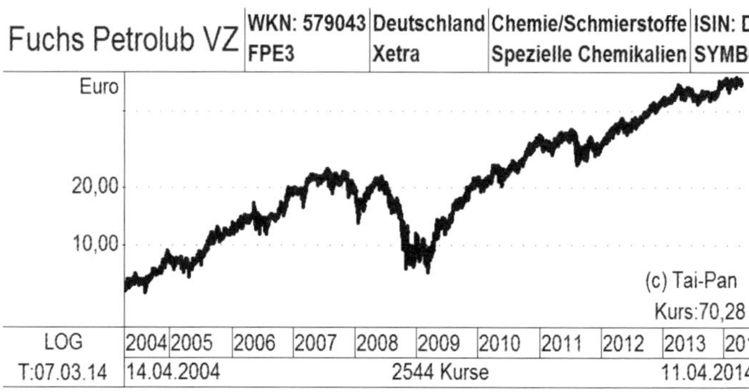

Abb. 29: Fuchs-Petrolub-Aktie

Wie viel Qualität in der Aktie steckt, wurde erst in den folgenden Jahren so richtig sichtbar. Inzwischen ist die Bewertung dieser MDAX-Aktie sehr hoch, etwa mit dem siebenfachen Buchwert!

Der Buchwert entspricht dem Eigenkapital, und man errechnet ihn, indem man vom Bilanzwert alles abzieht, was an Fremdkapital und Verbindlichkeiten darin enthalten ist. Eine Aktie kann nicht mehr als günstig gelten, wenn ihr Kurs-Buchwert-Verhältnis (KBV) über 2,5 liegt. Freilich kann es unter Umständen auch ein Unternehmen geben, das ein hohes KBV aufweist (etwa wegen hoher Schuldenaufnahme zur Umstrukturierung), aber dennoch rentabel wirtschaftet. Die betreffende Aktie kann dann auch weiter zulegen, aber das Risiko, dass es doch zu einem Kurseinbruch kommt, ist sehr viel größer.

Wir meinen, Aktien mit einem derart hohen KBV wie bei Fuchs Petrolub (7,25 im April 2014!) sind einfach zu teuer geworden, auch wenn eben keineswegs auszuschließen ist, dass Fuchs Petrolub auch in nächster Zeit noch überdurchschnittlich gut läuft. Dasselbe gilt beispielsweise für den

Kurs des Softwareherstellers SAP (KBV 5,32 im April 2014), oder auch für den US-Fastfoodproduzenten McDonald's. Das ist ein solider Wert, aber auch hier haben wir den nahezu siebenfachen Buchwert.

Abb. 30: McDonald's-Aktie

9. Ermittlung der Trends am Aktienmarkt

Dieses Kapitel erörtert, ob Börsenprognosen überhaupt möglich sind? Es geht um Zentralbankzinsen, die Zinsstrukturkurve als Rezessions-Warnsignal, den Bankenindex, um Systeme zur Ermittlung des Trends am Aktienmarkt und die relative Stärke.

9.1 »Folge dem Trend«!?

Im Folgenden beschäftigen wir uns näher mit dem »Trend« am Aktienmarkt. Die Regel »Folge dem Trend« ist einerseits eine große Hilfe und bestätigt sich immer wieder. Trotzdem müssen wir im Voraus sagen: Der Trend ist nicht allein entscheidend. Wir sollten immer im Auge behalten, wie historisch fair gerade die Kurse sind. Wer zum Beispiel ein Haus verkaufen will, der muss auch einen durchschnittlich fairen Marktpreis der letzten Jahre im Auge haben und nicht nur, was der Markt im Moment gerade hergibt. Wenn ich nicht verkaufen muss, warte ich eben, bis ich zumindest wieder einen fairen Preis dafür bekomme. So einfach ist das auch bei der Betrachtung eines Aktienindex.

Dass die Masse der Anleger in ihren Reaktionen tatsächlich immer stärker übertreibt, können Sie zum Beispiel an der Langzeit-Grafik zum österreichischen ATX erkennen.

Abb. 31: Fairer ATX

Die Masse der Anleger und des Geldes folgt eben dem Trend und verstärkt ihn damit bekanntlich. Ja, es ist im Grunde sogar so, dass sie mittlerweile gar nicht anders *kann*, als in übertriebenen Wellenbewegungen zu handeln.

Großinvestoren haben gar keine Zeit, um ihre Entscheidungen abzuwägen. Also halten sie sich in der Mehrzahl der Fälle daran, was sie annehmen, dass all die anderen tun werden. Ein solches Verhalten wurde schon mehrfach in sozialpsychologischen Experimenten untersucht. Wohin oder wie lange ein Trend läuft, ist kaum abzuschätzen. Aus diesem Grund hat unser Indikator »Index-Trend« in unserem Gesamtsystem ein solches Gewicht.

Freilich gibt es fundamentale Unternehmensdaten als »Anker«, damit die Kurse nicht dauerhaft nach oben oder nach unten davoneilen. Doch die Bilanzen der Unternehmen beziehen sich immer auf die Vergangenheit, während es an der Börse ja um die Einschätzungen zur Zukunft geht.

Deshalb haben wir als Anleger gelernt, dass wir dem Trend folgen sollen, egal wodurch er bestimmt wird. Denn gegen eine herrschende Stimmung kommt man nicht an, daher hat es keinen Wert, eigensinnig sein zu wollen.

Aber es muss auch erlaubt sein, zu fragen: Wie stabil ist denn dieser Trend, dem man folgen will? Ist es ein kurzfristiger Trend oder ein langfristiger? Ist es ein politisch bedingter Trend? Gibt es Anzeichen dafür, dass sich dieser Trend bald ändern könnte?

Zum Beispiel lagen Ende Mai 2012 der Eurostoxx50, der CAC-40-Index von Frankreich und der ATX Österreichs zeitweise sogar unter ihren 20-Jahres-Durchschnitten, was ja nur in Ausnahmefällen vorkommt.

Dagegen sehen die damaligen, »historisch fairen« Kurse der Aktienindizes, berechnet nach der Formel so aus:

20-Jahres-Durchschnitt x durchschnittliche Abweichung des jeweils aktuellen Kurses vom 20-Jahres-Durchschnitt

	Stand 25.5.12	Fairer Wert 25.5.12
DAX (D)	6339,94	7488
SMI (CH)	5865,19	8387
ATX (A)	1921,07	2842
S&P 500	1317,82	1724
Eurostoxx50	2161,87	4312
FT 100 (GB)	5351,53	7551
CAC 40 (F)	3047,94	6219

Dieser »faire Wert« wurde damals bestätigt durch die historisch viel zu niedrigen Kurs-Umsatz- und Kurs-Buchwert-Verhältnisse der meisten Indizes. Wer also damals nur der herrschenden Stimmung oder dem kurzfristigen Trend folgte, versäumte eine gute Gewinnchance am Aktienmarkt.

Grob formuliert kann man sagen: Es ist richtig zu kaufen, wenn die Aktienkurse stark gefallen sind und begonnen haben, wieder zu steigen. Dabei gilt es aber herauszufinden, ob das nun schon der neue Börsenaufschwung, die Hausse, ist.

Es gibt einige einfache Kriterien, um festzustellen, ob Aktien gerade preiswert sind:

1. Fast alle Aktienindizes liegen unter ihrem gleitenden 200-Tage-Durchschnitt.
2. Überdurchschnittlich viele Unternehmen weisen einen Börsenwert aus, der unter dem Jahresumsatz oder unter dem Buchwert liegt.
3. Die Gewinnrendite der meisten Unternehmen liegt wesentlich höher als die Zinsen, die durch Anleihen zu erzielen sind.
4. Es werden zu den derzeitigen Börsenkursen kaum mehr neue Aktien angeboten und kaum ein neues Unternehmen geht mehr an die Börse.

9.1.1 »Greife nie in ein fallendes Messer!«

Trotzdem müssen wir vorsichtig sein, selbst wenn wir erkannt haben, dass die meisten Aktien gerade günstig zu haben sind. Hier kommt eben der »Trend« ins Spiel. Die Börse übertreibt fast immer. Solange sich ein negativer Trend nicht geändert hat, sollten wir die Finger von Aktien lassen, nach der Regel: »Greife nie in ein fallendes Messer!«

Viele Experten halten überhaupt nichts von Trendberechnungen. Der Biophysiker Stefan Klein zum Beispiel führt in seinem Buch *Alles Zufall?* aus, dass die meisten Versuche, Prognosen über die Börsenentwicklung zu machen, »verheerend« ausgefallen seien. Wenn man dem Trend folge, so seien das nur Aussagen über die Gegenwart und nicht über die Zukunft. Bekannt sind ja auch Experimente, dass ein Affe, der mit Dartpfeilen auf den Börsenteil einer Zeitung warf, eine bessere Trefferquote erzielt habe als die meisten Berater. Stefan Klein schließt daraus, der Zufall und nicht der Trend bestimme das Börsengeschehen. Andere meinen, die Aktienbörse verkomme ohnehin immer mehr zu einer Zockerbude. Vor allem in politisch schwierigen Zeiten wachse die Gefahr der Manipulation. Da setzen Großanleger auf fallende Kurse und verbreiten anschließend eine unsichere Stimmung.

Doch solche Befürchtungen sind übertrieben. Zocker gab es schon immer, aber sie waren nie besonders erfolgreich. Die meisten Risiko-Großanleger machten in den Jahren 2007 bis 2009, als die Börsenkurse abstürzten, ebenfalls Verluste.

Denn die Börse folgt auch heute im Computerzeitalter keinen anderen Gesetzmäßigkeiten als vor 30 oder 50 Jahren; sie bewegt sich allenfalls etwas schneller und hektischer.

Freilich, welche unsinnigen Börsenkurse sich unter bestimmten Konstellationen herausbilden können, haben wir in den Extremzeiten im Frühjahr 2000 (Euphorie) und Frühjahr 2003 (Panik) erlebt.

Schon im November 1999 war die Redaktion der *Börsensignale* (www.boersensignale.de) aufgrund verschiedener Warnzeichen davon überzeugt, dass die Aktien-Hausse bald beendet sein würde. Wir rieten den Lesern, die Mehrheit ihrer Aktien abzustoßen. Sie können sich unser Entsetzen und das unserer Leser vorstellen, als sich die Kurse bei einigen Hightech-Werten und am Neuen Markt von November 1999 bis März 2000 nochmals verdoppelten oder gar verdreifachten! Kursverluste werden einem Aktienberater ja viel weniger übel genommen als entgangene Kursgewinne.

Zwar stellte sich schließlich heraus, dass wir mit Recht vorsichtig waren und dass die Börsenteilnehmer einfach utopische Erwartungen an die Zukunft hatten. Aber freilich möchten wir gern auch so beraten, dass mögliche Kursgewinne ausgereizt werden!

Aber so ist die Börse. Sie liegt im Trend eben auch oft falsch. Stimmungen können sie eine Weile tragen, und wann Übertreibungen wie Euphorie oder Panik vorbei sind, lässt sich kaum abschätzen.

Grundsätzlich gilt also schon: Folge dem Trend, investiere »pro-zyklisch«, im Sinne der alten Börsenregel: »Der Trend ist dein Freund.« Man kann aber auch einen Mittelweg wählen, nämlich einerseits dem Trend folgen, aber hellwach sein, wenn einige Anzeichen dafür sprechen, dass der Trend demnächst kippen könnte.

9.2 Neun-Monats-Hochs gegen Neun-Monats-Tiefs

Nun sollen Sie einmal eine einfache und gute »Trendmethode« kennenlernen.

In unserem Börsenbrief *Börsensignale* (www.boersensignale.de) werden 700 Aktien beobachtet, und es wird wöchentlich genau registriert, welche und wie viele von ihnen ein Neun-Monats-Hoch oder -Tief melden.

Um Missverständnisse zu vermeiden: Ein Neun-Monats-Tief liegt vor, wenn der neueste Wochenschlusskurs unter *allen* Wochenschlusskursen dieser Aktie in den letzten neun Monaten liegt.

Wenn es nun unter den 700 Aktien, die wir beobachten, mal an einem Wochenende mehr neue Tiefs als Hochs gibt, kann es sich auch um normale Kursschwankungen handeln. Das ist noch kein Grund, allgemein aus dem Aktienmarkt auszusteigen. Wiederholt sich das aber häufiger, dann werden wir hellhörig.

Regel
Überwiegen fünf Wochen hintereinander die Neun-Monats-Tiefs, ergibt dies ein Verkaufssignal. Überwiegen dann wieder einmal drei Wochen hintereinander die Hochs, wird zum Einstieg geklingelt.

Verfolgen wir einmal, was geschehen wäre, wenn vier verschiedene Anleger die 22 Kauf- und Verkaufssignale nach diesem System in den 16 Jahren von 1998 bis 2013 genau befolgt hätten. Dabei nehmen wir an, der erste Anleger habe immer ein Depot gehabt, das im Wesentlichen dem DAX entspricht. Der zweite setzte auf den US-amerikanischen Standard&Poors-Index und wählte hier immer repräsentative Aktien aus. Der dritte Anleger setzte auf die 50 größten europäischen Aktien des Euroraums (Eurostoxx50-Index), und der vierte handelte immer mit den 20 größten Schweizer Aktien, also mit dem SMI-Index.

		DAX	S&P 500	Eurostoxx 50	SMI
Start	26.12.1997	4121,79	936,46	2414,79	6046,70
Verkauf	28.08.1998	4993,54	1027,72	3009,74	6786,90
Kauf	13.11.1998	4643,80	1125,72	2924,97	6703,90
Verkauf	20.10.2000	6618,43	1388,76	4889,51	7722,70
Kauf	17.11.2000	6752,29	1367,71	4961,54	8131,00
Verkauf	08.12.2000	6691,25	1369,08	4889,72	7995,80
Kauf	11.05.2001	6141,02	1245,64	4479,90	7518,80
Verkauf	13.07.2001	5928,01	1215,68	4044,42	6941,30
Kauf	30.11.2001	4989,91	1139,45	3658,87	6237,00
Verkauf	05.07.2002	4483,03	989,03	3165,47	6024,20
Kauf	16.05.2003	2989,08	944,30	2349,13	4594,80
Verkauf	06.08.2004	3727,74	1063,96	2618,68	5403,10
Kauf	10.09.2004	3886,03	1123,92	2745,86	5536,80
Verkauf	09.06.2006	5464,08	1252,30	3520,99	7434,57
Kauf	15.09.2006	5937,87	1321,88	3812,11	8229,27
Verkauf	24.08.2007	7507,27	1479,37	4238,63	8775,90
Kauf	12.10.2007	8041,26	1561,80	4476,02	9197,48
Verkauf	09.11.2007	7812,40	1453,70	4297,83	8417,15
Kauf	01.05.2009	4769,45	877,52	2375,34	5225,92
Verkauf	24.06.2011	7121,38	1268,45	2715,88	5998,02
Kauf	06.01.2012	6057,92	1277,81	2298,65	6013,83
Verkauf	15.06.2012	6229,41	1342,84	2181,23	5911,82
Kauf	06.07.2012	6410,11	1354,68	2235,51	6183,67
Ende Test	27.12.2013	9589,39	1841,40	3111,37	8221,90

Diese Signale kommen schnell, sie sind brauchbar, und die Erfolgsbilanz ist zufriedenstellend, auch wenn es ab und zu Fehlsignale gibt wie am 17.11.2000, am 11.5.2001, am 30.11.2001, am 6.8.2004, am 9.6.2006, am 12.10.2007 und am 15.6.2012. Solche Fehlsignale sind aber bei allen Trendmethoden unvermeidbar. Deutlich wird aber auch, dass man sich durch diese Fehlsignale nicht verunsichern lassen darf. Auf die Dauer fährt eine gute Trendmethode ordentliche Gewinne ein.

Wäre man am 26. Dezember 1997 mit 100 Euro bzw. 100 US-Dollar bzw. 100 Schweizer Franken gestartet, hätte man folgende jährliche Rendite erzielt:

DAX-Anleger 13,3 Prozent, S&P-500-Anleger 7,4 Prozent, Eurostoxx-50-Anleger 8,4 Prozent, SMI-Anleger 6,2 Prozent.

Sie können das selbst nachrechnen, wobei Kauf- und Verkaufsspesen nicht mit verrechnet wurden. Die ausgeschütteten Dividenden sind nur beim DAX-Anleger enthalten; daher ist hier die Rendite auch sehr hoch.

Es lohnt sich offenbar, dem Trend zu folgen und sich durch Fehlsignale nicht aus der Ruhe bringen zu lassen!

9.3 Drei Frühindikatoren unter den Aktienindizes beachten!

Sie können bei Kursschwankungen gelassen bleiben, solange die Systeme, auf die Sie sich verlassen, relativ ungefährdete Kaufsignale geben und die Trends der Aktienindizes nicht beginnen, mehr oder weniger abwärts zu zeigen.

Insbesondere sollten Sie auf drei Indizes achten, die meistens besonders schnell und empfindlich auf neue Börsentrends reagieren. Das sind der Nasdaq Composite, der Dow Jones Utility und der DAX. Der US-amerikanische Nasdaq-Composite-Index enthält viele konjunktursensible »Hoffnungswerte«. Der DAX reagiert von allen europäischen Aktienindizes besonders heftig nach oben und unten. Der Dow-Jones-Utility-Index repräsentiert »langweilige« Versorgungsunternehmen, die im Großen und Ganzen gleichbleibende Gewinne erzielen und damit in Konkurrenz zu US-amerikanischen Anleihen und deren Rendite stehen.

Wir haben aus diesen drei Aktienindizes ein Trendsystem entwickelt, das in den letzten 50 Jahren große Erfolge erzielt hätte, wenn es konsequent angewandt worden wäre. An der folgenden Grafik können Sie sehen, dass dieses System zum Beispiel seit 1998 immer vor großen Kurseinbrüchen gewarnt und ebenso frühzeitig den folgenden Anstieg signalisiert hat.

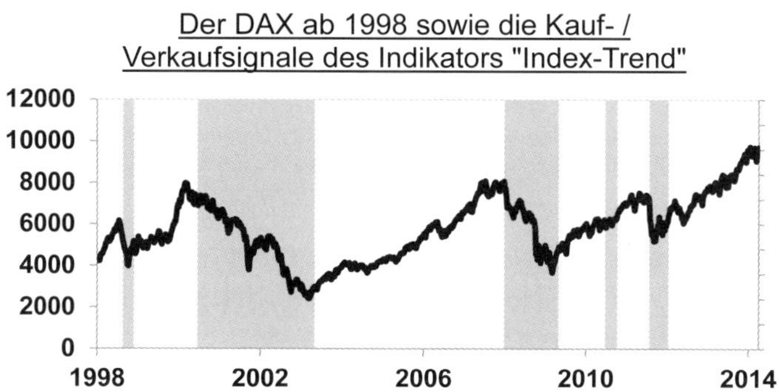

Abb. 32: Die Zeiten der Kaufsignale des Index-Trends sind weiß unterlegt, die Verkaufssignale sind grau unterlegt.

Wenn man sich seit 1998 16 Jahre lang ausschließlich an diese Index-Trend-Methode gehalten und stets den DAX gehandelt hätte, wären aus 100 Euro Startkapital 745,26 Euro geworden, was einer jährlichen Rendite von 13,4 Prozent entspricht, deutlich besser als das Ergebnis der Neun-Monats-Hoch-Tief-Methode. Zur Index-Trend-Methode siehe auch **http://www.boersensignale.de/sparerfibel/index.html.**

9.4 Konjunkturerwartungen und Aktienindizes

Wurden Sie von den scharfen Kursrückgängen an den Börsen im Zuge der »Griechenland-Krise« Anfang Mai 2010 überrascht? Viele Anleger sagen ja oft im Nachhinein: »Eigentlich habe ich es kommen sehen. Diese hohen Schulden Griechenlands und anderer südeuropäischer Staaten – das konnte ja nicht gut gehen!«

Doch dieses Gefühl »Ich habe es kommen sehen« ist meist eine Selbsttäuschung. Hellseher sind wir alle nicht. Und wie die Börse tatsächlich reagiert, ist auch ungewiss. Die US-Hypothekenkrise beispielsweise war Mitte 2007 durchaus bekannt. Trotzdem blieben die Kurse noch bis Ende Dezember 2007 auf ihrem hohen Niveau. Auch die Situation Griechenlands war der Börse spätestens seit Jahresanfang 2010 klar. »Die Börse hat immer recht« sagen viele Kommentatoren. Wenn das so wäre, hätte es den Kurseinbruch von Anfang Mai 2010 sehr viel eher geben müssen. Aber »die Börse« ist eben auch unsicher, tastet und sucht und irrt sich ständig. Deshalb sind auch so extreme Schwankungen im Index von 5 Prozent und mehr an einem Tag durchaus keine Seltenheit.

Was die Hausse der Jahre 2012 bis 2014 betrifft, waren die Kursanstiege für viele Medien und Experten einmal mehr mysteriös und allenfalls mit der sogenannten »Geldschwemme« durch die Notenbanken zu erklären.

Doch man muss sich gar nicht mehr auf die Suche nach den Gründen für die Kursgewinne machen. Denn die sind ja mittlerweile allzu bekannt – und obendrein stichhaltig: Die Unternehmen waren in besserer Verfassung als noch vor der Krise, eine neue Weltrezession war seit 2008 nicht in Sicht, Aktien waren noch lange nicht überbewertet, vernünftige Anlagealternativen waren einfach nicht zu finden und freilich war die für jede Hausse notwendige Liquidität ausreichend vorhanden. All diese Gründe waren so gewichtig, dass sie über kurz oder lang die Sorgen der Pessimisten wegen einer angeblich unlösbaren Schuldenproblematik überwiegen mussten.

Aber was können Anleger nun tun, wenn es zu solchen heftigen Schwankungen wie in den letzten Jahren kommt?

9.5 Lassen Sie sich nicht von Stimmungen beeinflussen, handeln Sie nach System!

Das ist leichter gesagt als getan, auch wenn wir Sie hoffentlich überzeugen konnten, wie sinnvoll es ist, nach bewährten Systemen zu handeln. Denn wer stündlich Börsennachrichten hört oder das Börsenfernsehen laufend verfolgt, bekommt ständig den Eindruck, es sei höchste Zeit zum Handeln. Aber es wäre in jeder Krisensituation falsch gewesen, an Paniktagen noch schnell den fallenden Kursen hinterherzurennen und zu verkaufen. Das glauben Sie nicht? Heißt es nicht immer, die ersten Verluste seien die erträglichsten? Natürlich stimmt das, aber nur dann, wenn es tatsächlich weiter abwärtsgeht. Aber das weiß man an Paniktagen noch nicht und sollte deshalb keine vorschnellen Entscheidungen treffen. Denn auf fast alle Panikverkäufe folgten auch wieder Panikkäufe! Wer ständig den Übertreibungen der Börse folgt und in der Herde mitrennt, der tut es dann auch, wenn es kurzfristig aufwärtsgeht. Denn jede Börsenbewegung wird von entsprechenden Meldungen in den Medien begleitet. Wer dann wie gebannt stündlich das Börsengeschehen verfolgt, wird ständig den Eindruck haben, es sei jetzt höchste Zeit zum Handeln, sowohl wenn es abwärtsgeht als auch wenn es aufwärtsgeht. Dieses Hin und Her wird sehr teuer!

Erinnern Sie sich noch an die Börsenpanik im Oktober 2008? Von Donnerstag, den 23.10., bis Montag, den 27.10., gab es drei Paniktage hintereinander. Ein Verkauf am Montag, den 27.10., wäre jedoch ein Riesenfehler gewesen, denn eine Woche später, am 5. November, hätte man wieder zu gut 20 Prozent höheren Kursen eine viel bessere Verkaufsgelegenheit gehabt!

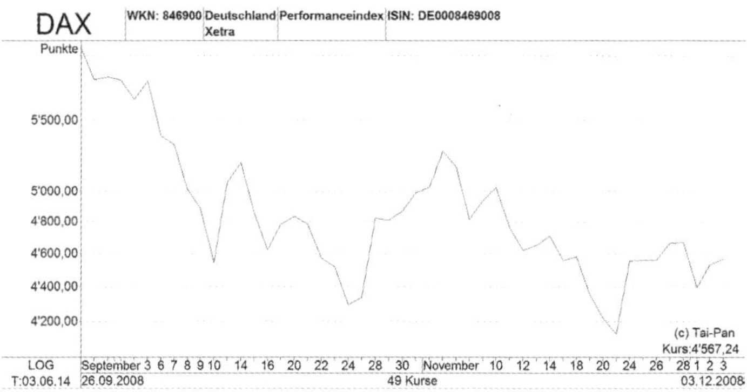

Abb. 33: Börsenpanik Oktober/November 2008

Deshalb ist es wichtig, dass Sie einem System folgen und nicht einer Stimmung. Als Sie Ihre Aktien kauften, hatten Sie ja sicherlich Gründe und auch Vorstellungen davon, unter welchen Bedingungen Sie wieder verkaufen würden. Denn wir nehmen nicht an, dass Sie zu den Daueranlegern gehören, die ihre Aktien durch alle Kursstürze hindurch halten und nur Zukäufe tätigen. Wenn Sie mit System kaufen und verkaufen, bekommen Sie Signale, falls es Zeit ist zu handeln. Ob Sie nun »technischen Analysen« wie Charts oder vom Computer ermittelten Trends vertrauen oder fundamentalen Daten: Wichtig ist, dass Sie Ihrem System treu bleiben, das Sie ja oft genug getestet haben.

Ein Beispiel: Nehmen wir an, Sie folgen den »fundamentalen Daten« und kaufen immer dann Aktien, wenn sie eine bessere Gewinnrendite aufweisen als Obligationen. In diesem Fall hätten Sie sich von der Griechenland-Krise der Jahre 2010 bis 2012 nicht beeindrucken lassen dürfen. Denn bereits die durchschnittliche Dividendenrendite wichtiger Standardaktien lag deutlich höher als die Rendite der Anleihen. Die ausbezahlte Dividende umfasst ja höchstens die Hälfte des tatsächlichen Unternehmensgewinns.

9.6 Hüten Sie sich vor zu vielen Informationen!

Es ist nicht auszuschließen, dass das tägliche Sammeln und Analysieren von Daten für Aktienanleger nur zu Stress und gefährlichem Halbwissen führt, aufgrund dessen man unter Umständen schlechter abschneidet als der nahezu Uninformierte! Zumindest hat sich dies in einem nachgestellten Experiment bestätigt.

Hierzu wurden Aktienhändler in ein Labor eingeladen und in Gruppen eingeteilt, um einen simulierten Aktienhandel zu betreiben. Die Bestinformierten (Insider) bekamen dabei alle wichtigen Informationen zuerst, später wurden diese Daten auch den anderen Gruppen nacheinander zugänglich gemacht. Eine einzige Gruppe erhielt jedoch gar keine Informationen. Das zunächst überraschende Ergebnis war, dass die Uninformierten eine deutlich bessere Rendite erzielt hatten als alle mittelmäßig Informierten! Uninformierte konnten eine durchschnittliche Marktrendite erwirtschaften, nur die Insider waren noch besser. Warum?

Nun, die schlecht und mittelmäßig Informierten handeln zu einem Zeitpunkt, an dem die Insider die Kurse aufgrund ihrer zuvor noch exklusiven Informationslage bereits in die entsprechende Richtung bewegt haben. Die Informationen sind dann also schon längst im Kurs enthalten, wenn alle anderen ein wenig später auf die für sie »neuen« Informationen reagieren. Der Preis ist aber schon längst oben, wenn sie kaufen, oder unten, wenn sie verkaufen.

Wer aber gar keine Informationen hat und einfach dem Trend folgt, der liegt eben manchmal richtig und manchmal falsch. Im Ergebnis erreicht er dabei die durchschnittliche Marktrendite.

Doch deswegen spiegelt der jeweilige Stand eines Aktienkurses noch lange nicht in jedem Fall den aktuellen Stand aller Informationen wider, denn die Bedingungen des erwähnten Experiments können die Wirklichkeit gar nicht vollständig abdecken. In der Realität enthält der gegenwärtige Kurs einer Aktie immer auch eine Menge an unrealistischen Hoffnungen und Ängsten, wie sich an den Kursschwankungen der letzten Jahrzehnte unschwer erkennen lässt.

Abb. 34: Kurschwankungen ab 1995

Ebenso wird an solchen Charts deutlich, dass in der Wirklichkeit gewisse Informationen unerlässlich sind, um nicht zu Höchstkursen zu kaufen und in der Baisse zu verkaufen. Völlige Unwissenheit führt nicht automatisch zur durchschnittlichen Marktrendite!

Also Vorsicht vor voreiligen Schlüssen, die angeblich wissenschaftlich nachgewiesen wurden, solange man die Bedingungen von Experimenten oder ökonomischen »Gesetzen« gar nicht kennt!

9.7 Keine Stoppkurse setzen!

Um nicht von unvermuteten Kursstürzen überrascht zu werden, halten es sehr viele Anleger und ihre Berater für selbstverständlich, sogenannte »Stopps« zu setzen, bei deren Unterschreitung die betreffenden Aktien automatisch verkauft werden. Aus heiterem Himmel kann einmal ein Index aufgrund einer Falschmeldung im Verlauf eines Tages 10 Prozent seines Kurswertes einbüßen, sich dann aber wieder kräftig erholen und mit nur noch einem Tagesminus von vielleicht 2 Prozent schließen. Dann tun einem die armen Anleger leid, deren Aktien nach beispielsweise 8 Prozent Verlust verkauft wurden und die nicht mehr dabei waren, als es wieder aufwärtsging. Stopps, wenn sie von vielen Anlegern gesetzt werden, wirken ja wie ein Domino-Effekt: Kursverluste lösen Stopps aus, diese führen zu weiteren Kursrückgängen, die weitere Stopps auslösen. So kann sich das eine ganze Weile fortsetzen.

Auch sollte man sich beim Setzen von Stopps nicht der Illusion hingeben, dass die Aktien dann tatsächlich zu diesen Kursen verkauft werden. Das Erreichen eines Stoppkurses bedeutet nur, dass ein Verkaufssignal *ausgelöst* wird. Realisiert wird es aber erst bei der nächsten Kursfeststellung. Die aber kann an Paniktagen durchaus 10 Prozent tiefer liegen als der Stoppkurs.

Daher ein Rat: Legen Sie Stoppkurse nur dann in die Aktien Ihres Depots, wenn Sie in Urlaub fahren und einige Wochen das Börsengeschehen nicht mehr verfolgen können. Vermeiden Sie auch in diesem Fall glatte Zahlen als Stoppkurs. Denn sehr viele Anleger wählen eine glatte Zahl. Bleiben Sie lieber etwas darüber, also zum Beispiel bei 51 statt bei 50 Schweizer Franken als Stoppkurs.

9.8 Neun-Monats-Tiefs als Sicherheitsseil

Sie müssen aber deshalb nicht auf ein »Sicherheitsseil« verzichten. Viele unserer Leser haben uns mitgeteilt, dass sie grundsätzlich dann eine Aktie verkaufen, wenn sie um 10 Prozent unter ihren Einstandskurs gefallen ist. Denn sie gehen dann davon aus, dass die Voraussetzungen und Erwartungen, unter denen sie einst gekauft hatten, nicht mehr stimmen. Nun, das ist auch ein »System«, aber kein besonders gutes. Denn was hat ein Aktienkurs mit Ihrem zufälligen Kaufkurs zu tun?

Unser Vorschlag ist: Verkaufen sie jede Aktie, die, gemessen an ihrem Wochenschlusskurs, ein Neun-Monats-Tief meldet! Der Erfahrung nach ist so eine Aktie tatsächlich schwach und erreicht bald darauf weitere Neun-Monats-Tiefs. Freilich ist das mit einer gewissen Arbeit verbunden. Denn Sie müssen sich jeden Samstag die Kurse Ihrer Aktien aufschreiben, um zu wissen, ob sie ein Neun-Monats-Tief erreicht haben. Oder Sie beziehen eine Zeitschrift oder einen Börsenbrief, der Ihnen diese Arbeit abnimmt.

Wer im Jahr 2008 von der Baisse überrascht wurde, aber konsequent und regelmäßig die Aktien bei Neun-Monats-

Tief verkaufte, sobald dieses erreicht war, und während dieses Jahres auch keine neuen Aktien kaufte, hatte am Jahresende statt 40 Prozent Verlust wie beim SMI-Index nur rund 15 Prozent Verlust gemacht, weil durch die ständigen Verkäufe das Depot immer kleiner wurde. Darauf gehen wir anschließend in einem »Zeitreise-Experiment« noch näher ein.

Bei einem Börsenseminar tauchte einmal die Frage auf: »Meinen Sie denn wirklich, dass ich neun Monate warten soll, bis ich bei einer Kursschwäche meiner Aktien diese endlich verkaufen darf?«

Nein, denn so läuft das ja gar nicht. Aktien fallen ja nicht nach einem historischen Hoch anschließend kontinuierlich neun Monate. Nach einem Hoch gibt es erst einmal Korrekturen, die noch nicht schlimm sind. Dann wird das Hoch noch einmal oder mehrmals getestet. Dann folgt eine längere Seitwärtsbewegung. Und irgendwann wird einmal an einem Wochenschluss ein Kurs erreicht, der niedriger liegt als die Wochenschlusskurse der vergangenen neun Monate. Dann ist es Zeit, die Aktie zu verkaufen, falls Ihr System, nach dem Sie sich richten, Ihnen nicht schon vorher ein Signal zum allgemeinen Ausstieg aus Aktien gegeben hat.

Wir beobachten unter diesem Gesichtspunkt wöchentlich 700 Aktienkurse aus aller Welt. Und es ist für uns ein Alarmsignal, wenn mehr Aktien ein neues Neun-Monats-Tief melden, als es Aktien mit einem neuen Neun-Monats-Hoch gibt. Das war zum Beispiel im Jahr 2007 am 26. Oktober der Fall. Wer hier ausstieg, konnte die gesamte Baisse 2008 vermeiden. Denn erst am 17. April 2009 meldeten wieder mehr Aktien ein Neun-Monats-Hoch, als es Neun-Monats-Tiefs gab.

Freilich gibt auch diese Trendmethode, bei einem Neun-Monats-Tief immer jede davon betroffene Aktie zu verkaufen, ab und zu ein Fehlsignal. Aber in den allermeisten Fällen folgen nach einem ersten Neun-Monats-Tief in den darauffolgenden Wochen weitere Neun-Monats-Tiefs. Es bleibt dabei, dass grundsätzlich und in jedem Fall eine Aktie bei Erreichen ihres Neun-Monats-Tiefs verkauft werden sollte.

Ein kleines Zeitreise-Experiment

Welch großen Nutzen Sie haben, wenn Sie konsequent auf die Neun-Monats-Tiefs Ihrer Aktien achten, möchten wir in einer Studie über die kritischen Jahre 2007 bis 2008 nachweisen.

Nehmen wir zwei Anleger, die wir Frau Wohlgemut und Herrn Hoffmann nennen wollen. Beide steigen am 8. Januar 2007 mit dem Kauf von Aktien ein. Frau Wohlgemut ist Deutsche und kauft nur DAX- und MDAX-Werte, Herr Hoffmann ist Schweizer und kauft nur schweizerische Aktien.

Beide kaufen für je 10 000 Euro bzw. 10 000 CHF die zehn relativ stärksten Aktien aus unseren damaligen Listen vom 8.1.2007, unter Vermeidung von Titeln, die ein höheres KUV als 1,5 oder ein höheres KBV als 3,0 aufweisen. Beide setzen also Beträge von insgesamt 100 000 Euro bzw. 100 000 CHF ein.

Beide halten sich strikt an folgende Regeln:

1. Sie lesen alle 14 Tage nur die *Börsensignale*, und sie interessieren sich nur für die Seiten, in denen die relative Stärke und die neuen Hochs und Tiefs der deutschen bzw. schweizerischen Aktien angegeben sind. Sie handeln also nur bei Bedarf nach Lektüre der *Börsensignale* am Montag.
2. Jede Aktie, die ein »T« meldet, wird sofort verkauft.

3. Ersatz für diese Aktie wird nur beschafft, wenn die DAX- und MDAX-Liste bzw. die Schweizer Liste noch mehr »H« als »T« aufweist.
4. Weisen die Listen nach Verkäufen später wieder mehr H als T auf, wird wieder alle zwei Wochen je 1 Aktie für 10 000 Euro bzw. CHF zugekauft, bis die Zehnerzahl wieder erreicht ist. Und so liefen die Aktienindizes bis Ende 2008:

Abb. 35: Aktienindex DAX bis Ende 2008

Abb. 36: Aktienindex SMI bis Ende 2008

Wie wäre es nun unseren beiden Anlegern, Frau Wohlgemut und Herrn Hoffmann, in den Jahren 2007 und 2008 ergangen?

Wichtig ist die Zusammenfassung der Ergebnisse:

Ab Jahresmitte 2007 kam es zu ersten Korrekturen. Mehr als die Hälfte der Aktien meldete ein »T«. Ende 2007 hätte Frau Wohlgemut nur noch drei ihrer zehn Aktien besessen. Im Oktober 2008 hätte sie nur noch eine Aktie, nämlich VW-Stämme, die sie auch bis zum Ende der Studie (2.1.09) behalten hätte.

Aus ihren ursprünglich 100 000 Euro am 8. Januar 2007 wären bis zum 5. Januar 2009 trotz des Kurssturzes in der Zwischenzeit doch noch 113 266 Euro geworden, sie hätte also sogar einen Gewinn verzeichnen können. Ein DAX-Daueranleger hätte im gleichen Zeitraum, vom 8. Januar 2007 bis 2. Januar 2009, ein Viertel seines Kapitals verloren.

Rechnen wir fairerweise den Zufallsgewinn bei den VW-Stammaktien nicht mit, hätte sie von ihrem Anfangskapital (100 000 Euro) noch 94 255 Euro besessen, also einen relativ kleinen Verlust erlitten.

Herr Hoffmann aus der Schweiz hätte ebenfalls schon 2007 mehrere seiner Aktien verkaufen müssen. Aber 2008 konnte er im Frühjahr wieder einige Käufe tätigen. Im Juli, August und September 2008 wurden dann aber alle seine Aktien wieder durch T-Signale ausgestoppt.

Auch seine Verluste hielten sich in Grenzen. Aus seinem Anfangskapital (100 000 CHF) blieben ihm noch 94 340 CHF. Der SMI hatte im gleichen Zeitraum mehr als ein Drittel seines Wertes vom Jahresanfang 2007 verloren!

Fazit
Selbst wenn alle unsere Systeme versagen sollten: Wenn Sie immer und grundsätzlich Ihre Aktien bei einem Neun-Monats-Tief verkaufen, werden sich Ihre Verluste selbst in einer schlimmen Baisse in Grenzen halten.

9.8.1 Wann sollte man Aktien verkaufen, auch ohne Neun-Monats-Tief?

Die Suche nach dem richtigen Verkaufszeitpunkt *einzelner* Aktien gestaltet sich mitunter schwierig. Wann wird eine Aktie nicht mehr weiter steigen? Leider gibt es hier keine allgemeingültige Verkaufsregel. Wann ein solcher Zeitpunkt zumindest nahe ist, lässt sich oft einfach nicht bestimmen.

Allerdings sind Verkäufe grundsätzlich dann angesagt, wenn Sie ein *allgemeines* Verkaufssignal der Methode erhalten, der Sie sich grundsätzlich anvertrauen. Doch es gibt auch hierbei Situationen, in denen die Kurse zuvor derart schnell gefallen sind, dass Sie gar nicht mehr angemessen reagieren können. Dann lohnen sich Verkäufe manchmal nicht mehr. Große, günstige Standardwerte, die wegen allgemeiner Verkaufspanik gefallen sind, und nicht weil das Unternehmen schlecht wirtschaftet, sollte man in einer solchen Situation auch nicht sofort verkaufen.

Es sei denn, eine Aktie meldet ein Neun-Monats-Tief! In einem solchen Fall gibt es keine Ausnahme, ein Verkauf ist dann grundsätzlich immer zwingend.

Dennoch kann man durchaus auch einmal Aktien verkaufen, die zuvor gut gelaufen, aber mittlerweile recht hoch bewertet sind. Zum Beispiel können es Aktien sein, deren Kurs-Buchwert-Verhältnis auf über 4 gestiegen ist, und die zugleich schon seit einigen Wochen trotz steigender Aktienindizes kein neues Hoch mehr melden. Diese Aktien sind wohl ziemlich ausgereizt oder gar reif für einen Rückschlag.

Der Buchwert eines Unternehmens entspricht dem Eigenkapital. Um ihn zu errechnen, muss man vom Bilanzwert das Fremdkapital und die Verbindlichkeiten abziehen. Zwar kann man sich auf die Angaben des Buchwertes nicht immer verlassen. Viele Bilanzbuchhalter rechnen den Buchwert ihres Unternehmens aus steuerlichen oder anderen Gründen systematisch herunter. Das ist möglich, weil es ja nur schwer einzuschätzen ist, was Maschinen, Grundstücke und Häuser wirklich wert sind.

Nur selten liegt der Börsenwert eines Unternehmens unter seinem Buchwert. Meist liegt er beim Doppelten oder gar Dreifachen. Erreicht er aber das Vierfache oder mehr, dann sollte man sich als Anleger doch allmählich fragen, ob das betreffende Unternehmen an der Börse nicht überbewertet ist. Dann sollten Sie vorhandene Kursgewinne auch einmal mitnehmen, noch ehe der Kurs zur Schwäche neigt.

9.9 »Zinsstrukturkurve« als wichtiger Anzeiger für die Weltkonjunktur

Die Kurse am Aktienmarkt werden zum großen Teil von der zu erwartenden Konjunkturlage bestimmt. Dazu gibt es einen guten Indikator, der die Konjunkturentwicklung meist richtig voraussieht, nämlich die »Zinsstrukturkurve«.

Sie beruht auf dem Abstand der langfristigen Anleihezinsen zu den kurzfristigen Geldmarktzinsen. Die Anleihezinsen, meist auf zehn Jahre gerechnet, bilden sich nach Angebot und Nachfrage und richten sich nach den längerfristigen Erwartungen über eine angemessene Zinshöhe. Die Geldmarktzinsen hingegen sind kurzfristig und spiegeln die Gegenwart wider. Sie werden maßgeblich von der Zinspolitik der Zentralbanken bestimmt, wobei die Federal Reserve Bank der USA und die Europäische Zentralbank (EZB) ein besonderes Gewicht haben. Wir beobachten hier den Londoner Zins für den Handel unter Banken, LIBOR genannt, und zwar für Papiere, die zwölf Monate Laufzeit haben.

Normalerweise liegen die langfristigen Zinsen deutlich über den kurzfristigen Zinsen. Wenn aber die Zentralbank ihre Leitzinsen erhöht oder andere Maßnahmen ergreift, um die Geldmenge zu begrenzen, kann es auch vorkommen, dass die kurzfristigen Zinsen höher liegen als die langfristigen Anleihezinsen. Fast immer war die Folge eine wirtschaftliche Rezession. Das bedeutet, dass das Wirtschaftswachstum stagnierte und das Bruttosozialprodukt zurückging.

Das heißt: Je höher der Abstand, desto besser für die Konjunktur.

Aber warum?

»Was soll diese Berechnung des Zinsabstandes zwischen lang laufenden und kurzen Zinsen? Wieso ist das ein Hinweis auf die künftige Konjunkturlage der Weltwirtschaft?« Diese Frage wird immer wieder gestellt. »Wie genau läuft denn diese Berechnung?«

Nun, die Idee stammt nicht von uns, sondern vom Kieler Institut für Weltwirtschaft. Dieses hat nämlich schon in den 1980er-Jahren herausgefunden, dass eine Weltrezession droht, wenn die langfristigen Zinsen in wichtigen Industrieländern niedriger notieren als die kurzfristigen Geldmarktzinsen beim Handel unter Banken. Denn das bedeutet in der Regel eine sehr straffe Geldmarktpolitik der Zentralbanken, die damit die Inflation bekämpfen möchten. Damit würgen sie aber oft gleichzeitig die Konjunktur ab. Denn es ist klar, dass bei hohen Zinsen weniger investiert wird; das Geld ist zu teuer geworden.

Wir messen nun diese Zinsstruktur mit einem geglätteten 22-Wochen-Durchschnitt des Zinsabstands zwischen den langfristigen Zinsen der USA und Deutschlands einerseits und den kurzfristigen Zinsen der USA und Deutschlands andererseits (= Langfristige Zinsen USA/Deutschland minus 12-Monats-Libor-Zinsen USA/Deutschland). Gerät dieser Abstand unter null, weil die kurzfristigen Zinsen höher sind, so droht in ein bis zwei Jahren eine Rezession (= Rückgang des Wirtschaftswachstums in aller Welt) und schon vorher eine Aktien-Baisse.

Greifen wir einmal Beispiele heraus.

Eine schwere Weltrezession hatten wir in den Jahren 1981 bis 1983; in den USA 1981/82, in Europa 1982/83. Die Zinsstrukturkurve warnte bereits Ende 1979, als sie unter die Null-Linie fiel. Sie schien sich 1980 zu erholen, fiel aber 1981 noch weiter nach unten.

Abb. 37: Zinsstrukturkurve 1978 bis 1988

Die Fragen, die immer wieder gestellt werden: Woher »wusste« die Kurve, dass 1981 bis 1983 die Industriestaaten von einer schweren Krise der Wirtschaft heimgesucht werden? Und: Woher wusste sie, dass sich die Weltwirtschaft ab 1983 wieder erholen würde? Was hat denn ein Zinsabstand damit zu tun?

Sie »wusste« es, weil die langfristigen Zinsen abbröckelten. Es fehlte die Lust zum Risiko, zum Investieren und Kaufen. Die Menschen waren mutlos und vorsichtig. Unternehmen investierten nicht, Anleger kauften keine Aktien. Sie bevorzugten Anleihen. Durch die Nachfrage sanken die Anleihezinsen. Aber die kurzfristigen Zinsen wurden von den Zentralbanken hochgehalten, weil die Inflation bekämpft werden musste. Man kann auch sagen: Die Zentralbanker merkten zu spät, dass die Konjunktur zu erlahmen begann, und meinten immer noch, sie müssten wegen Inflationsgefahren eine härtere Geldpolitik betreiben. Aus diesem Grund waren die »kurzen Zinsen« schließlich höher als die »langen Zinsen«, die Kurve also unter null. Als sich das änderte, konnte die Konjunktur wieder anziehen.

Diese Zusammenhänge wurden also vom Kieler Institut für Weltwirtschaft in den 1980er-Jahren entdeckt. Die Forscher erklärten damals, die Prognosen aufgrund des Zinsabstands seien zehnmal besser als das, was der »Rat der Weisen« jedes Jahr für teures Geld an Konjunkturprognosen veröffentliche. Und diese Erkenntnis hat sich auch in den folgenden Jahrzehnten bewahrheitet.

Freilich, um das klarzustellen: Hier werden Kursstürze am Aktienmarkt aufgrund von nahenden *Konjunktureinbrüchen* angezeigt! Es kann aber zum Beispiel auch heftige Kursverluste geben, wenn der Aktienmarkt einfach nach oben übertrieben hat und die Anleger panikartig ihre Kursgewinne sichern wollen. Das wird mit dieser Methode nicht angezeigt. Der Aktien-Crash von 1987 etwa wäre hier nicht gemeldet worden.

Als es aber in den Jahren 1991/92 (USA) und 1992/93 (Europa) wieder zu einer Rezession kam, da gab die Methode längst vorher Warnsignale:

Abb. 38: Zinsstrukturkurve 1988 bis 1993

Erst 1993 bemerkte man, dass in Europa eine Rezession herrschte. Aber da hatte die Kurve längst Entwarnung gegeben und der DAX legte 1993 bereits wieder 40 Prozent zu! Als Uwe Lang damals im Frühjahr in die *Telebörse* eingeladen war, fragte ihn der Moderator gleich, was er denn von dem Kursanstieg hielte, bei dieser Rezession! Der Moderator hielt dies für absurd. Uwe Lang nicht.

Kommen wir nun zur nächsten heftigen Weltrezession im Jahr 2009.

Wie wir in der folgenden Grafik sehen, fiel die Kurve Ende 2006 unter die Null-Linie und gab damit bereits zu einer Zeit eine deutliche Warnung vor der Weltrezession 2008/2009, als noch kein Mensch etwas von der Finanzkrise 2007 ahnte, die später als Ursache der Aktien-Baisse 2008 galt.

Im März 2009 rief die Zinsstruktur schon wieder zum Einstieg auf, obwohl erst 2009 alle die Rezession fühlten!

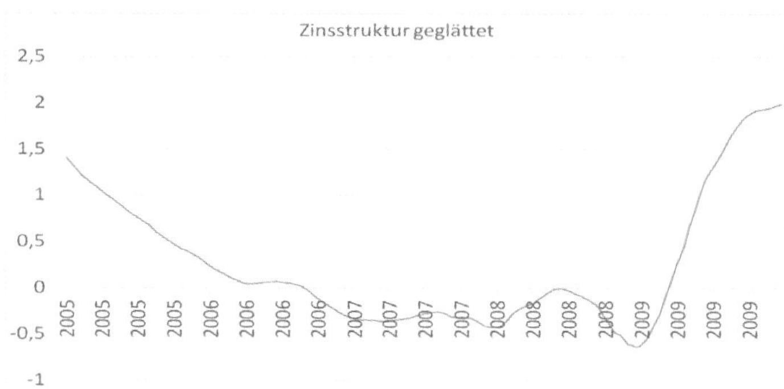

Abb. 39: Zinsstrukturkurve 2005 bis 2009

9.9.1 Wie wird die Zinsstrukturkurve berechnet?

Wenn nun also klar ist, wie gut die Kurve vor Rezessionen warnt und auch das Ende solcher Konjunkturkrisen rechtzeitig signalisiert, dann kommen wir zur nächsten Frage: Wie berechnen wir diese Kurve genau?

Wir benötigen ja Signale für den *Aktienmarkt.* Die dürfen nicht zu spät kommen. Denn wenn die Rezession bereits da ist, sind die Aktien schon ein bis zwei Jahre vorher gefallen und haben schon längst wieder zur nächsten Hausse gestartet. Meist kommen die Signale aber nach dieser Methode eher zu früh.

Wir machen die Berechnung nicht zu kompliziert. Wir begnügen uns mit den langfristigen Zinsen der USA (10 Jahre) und Deutschlands (Umlaufrendite), berechnen daraus den Durchschnitt und ziehen davon den Libor-Zins für 12 Monate ab, ebenfalls berechnet aus dem Durchschnitt der Zinsen für den US-Dollar und den Euro.

Um Schwankungen auszugleichen und die Signale nicht zu früh kommen zu lassen, glätten wir den so gewonnenen Zinsabstand auf fünf Monate (22 Wochen). Unsere Zahl ist also ein gleitender Durchschnitt aus 22 Werten des Zinsabstands zwischen langen und kurzen Zinsen.

USA 10 Jahre	2,73 Prozent
Deutschland Umlaufrendite	1,35 Prozent
Libor 12 Monate USA	0,56 Prozent
Libor 12 Monate Euro	0,51 Prozent
Anleihezins gesamt daher	2,04 Prozent
Libor gesamt daher	0,54 Prozent
Zinsstruktur aktuell also	1,50 Prozent

Rechenbeispiel für den 21.02.2014, (Anleihezins minus LIBOR) Zinsstruktur geglättet (Durchschnitt der letzten 22 Wochen-Werte) 1,56 Prozent

Diese Methode hat in der Vergangenheit fast immer eine Rezession bzw. das Ende einer Rezession rechtzeitig vorangemeldet.

9.9.2 Wie gut waren die Signale der Zinsstruktur-Methode für den Aktienmarkt?

Wenn wir nur diese Methode als Signal für den Aktienmarkt nehmen würden, dann bedeutet das, dass wir immer am Aktienmarkt engagiert wären, solange die geglättete Zinsstrukturkurve über der Null-Linie liegt. Und wir stiegen aus, wenn die Null-Linie unterschritten wird. Was wäre dabei herausgekommen?

Nehmen wir einen Anleger, der Ende 1997 den Eurostoxx-50-Index gekauft hätte. Aus 100 Euro Startkapital wären in 15 Jahren bis Ende 2013 nun 280,33 Euro geworden, was einer jährlichen Rendite von 6,65 Prozent entspricht. Er wäre in dieser Zeit nur zweimal aus dem Aktienmarkt ausgestiegen, nämlich vom 14. Juli 2000 bis 13. April 2001 und vom 8. September 2006 bis 20. März 2009.

Zum Vergleich: Ein Eurostoxx-Daueranleger hätte von 1998 bis 2013 aus 100 Euro nur 125,02 Euro gemacht, was einer Jahresrendite von 1,4 Prozent entsprochen hätte.

Ein Anleger im SMI und in Schweizer Franken hätte mit der Methode im gleichen Zeitraum eine Rendite von 5,9 Prozent erzielt (SMI-Daueranleger nur 1,8 Prozent!).

Optimal ist das Ergebnis der Zinsstruktur-Methode allerdings nicht, denn der Aktienmarkt wird nicht nur von der Konjunktur beeinflusst. Wie wir gesehen haben, schnitten einzelne Trendmethoden, die sich nicht um die Konjunktur kümmerten, sogar besser ab. Aber man kann erfolgreiche Methoden ja auch miteinander kombinieren. Mit dem folgenden Link gelangen Sie direkt zum aktuellen Stand unseres kombinierten Gesamtsystems: **http://www.boersensignale.de/sparerfibel/index.html.**

9.9.3 Sinkende Zinsen positiv für den Aktienmarkt – Vorsicht bei steigenden Zinsen!

Langfristig sind sinkende Zinsen gut für Aktien, steigende Zinsen schlecht. Denn zum einen sind den Unternehmen und Verbrauchern niedrige Zinsen eine Entlastung. Zum zweiten sind hohe Zinsen eine Konkurrenz zum Aktienmarkt. Wer mit sicheren Bundesanleihen hohe Renditen einfahren kann, wird sich schnell vom Aktienmarkt abwenden.

Zu beachten ist freilich oft der lange Vorlauf des Zinstrends zum Aktientrend. Er kann sehr groß sein. Auch aus diesem Grund liegen seit Beginn des neuen Jahrhunderts Zinstrend und Aktientrend oft weit auseinander; auf steigende und sinkende Zinsen reagieren die Aktienmärkte manchmal erst nach 12 bis 18 Monaten.

In Zeiten, in denen Kapital im Überfluss vorhanden ist – das ist gewöhnlich bei niedrigen Inflationsraten unter 3 Prozent der Fall – wirken sich Zinsveränderungen weniger stark auf die Aktienmärkte aus. Konjunkturdaten und die Höhe des Kursniveaus sind dann für die Aktienmärkte entscheidender.

Oder anders formuliert: Haben die Börsianer Angst vor Inflation, reagieren sie verhältnismäßig schnell bei Zinsveränderungen. Haben sie Angst vor Banken- und Unternehmenszusammenbrüchen, interessieren sie Zinsen zunächst weniger. Unternehmenszahlen werden wichtig. Steigende Zinsen werden dann sogar zunächst positiv gesehen und als ein Zeichen dafür aufgefasst, dass es mit der Konjunktur wieder bergauf geht. Erst nach einem Jahr oder noch länger wirken sie sich in fallenden Aktienkursen aus. Von dieser Situation ist auch in den nächsten Jahren noch auszugehen.

9.10 Niedrig bewertete Bankaktien

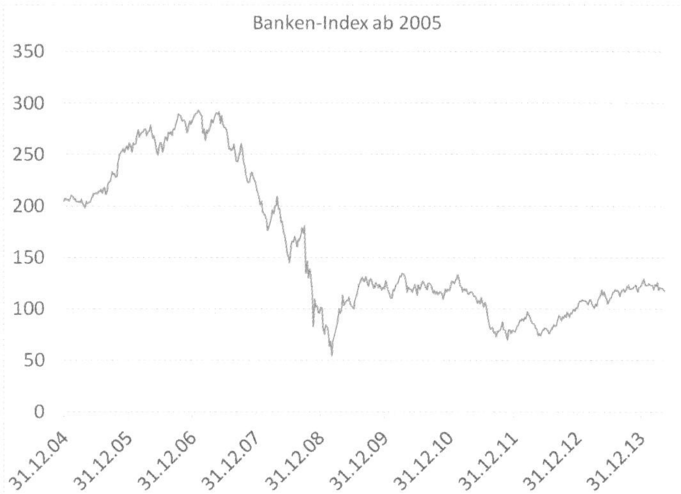

Abb. 40: Im Jahr 2007 waren die Kurse der Bankaktien im Durchschnitt dreimal so hoch wie 2014!

Viele Anleger, die den Einstieg in den Aktienmarkt im Herbst 2011 versäumt haben, bedauern das heute zwar. Für sie waren damals Aktien als »Risikopapiere« einfach zu unsicher. Aber wenn man sie fragt, warum sie nicht wenigstens *heute* Aktien kaufen (Redaktionsschluss dieses Buchs April 2014), nachdem doch die Rendite sehr viel besser sei als bei Anleihen, dann erntet man häufig nur Schulterzucken. »Die Kurse sind doch jetzt viel zu hoch; da kann man doch nicht mehr einsteigen«, meinen sie.

Ein Blick auf unseren »Banken-Index« lehrt das Gegenteil. In diesem Index sind folgende zehn Aktien gleich gewichtet enthalten: Mitsubishi UFJ (Japan), Citigroup (USA), J.P. Morgan (USA), Bank of America (USA), Santander

(Spanien), BNP Paribas (Frankreich), HSBC (Großbritannien), UniCredit (Italien), Deutsche Bank (D), UBS (Schweiz).

Wie Sie in Grafik 40 sehen, ist das Kursniveau nur ein Drittel so hoch wie Ende 2006, vor Beginn der Finanzkrise. Trotzdem werden Bankaktien derzeit offensichtlich gemieden wie die Pest. Banken haben ein schlechtes Image, gelten als rücksichtslose Abzocker, nur an den eigenen Boni interessiert, und seien darüber hinaus noch gefährdet durch schlechte Schuldner.

Nun, bei allen schlechten Erfahrungen sollte man doch auf dem Teppich bleiben. Auch das Management der Banken hat aus den letzten Jahren viel gelernt und Reformen eingeleitet. Und als finanzielle Dienstleister bleiben sie unentbehrlich. Rechnen Sie mit einer Normalisierung der Lage und deshalb auch wieder höheren Kursen für Bankaktien! Die Zentralbanken tun alles, um Panik aus dem Markt zu nehmen und die Banken liquide zu halten.

9.10.1 Der Banken-Index ist ein guter Frühindikator

Eine ständige Beobachtung des Banken-Index lohnt sich schon deshalb, weil er ein guter Frühindikator ist, sowohl für Chancen am Aktienmarkt als auch für Gefahren. Drohen nämlich weltweit Pleiten und Konkurse von ganzen Staaten, Großkonzernen und Banken, dann reagiert der Banken-Index sowohl auf Gefahren als auch Entwarnungen schneller als ein normaler Aktienindex.

Meldet unser Banken-Index ein 33-Wochen-Tief (d. h. der neueste Kurs liegt tiefer als alle vorhergehenden 32 Wochenschlusskurse), so ist das ein starkes Verkaufssignal für den gesamten Aktienmarkt.

- Ein solches Verkaufssignal bekamen wir zum Beispiel am 27. Juli 2007; der Index stand bei 255,27 Punkten.
- Kaufsignale liegen bereits bei einem 20-Wochen-Hoch vor.
- Ein Kaufsignal gab es nach der Baisse 2008 erst wieder am 8. Mai 2009; da stand der Banken-Index bei 113,02.

Wie Sie sich leicht selbst überzeugen können, wären diese beiden Signale auch für den DAX (sowie für den SMI) sehr gut gewesen:

Abb. 41: Die Zeiten der Kaufsignale des Index-Trends sind weiß unterlegt, die Verkaufssignale sind grau unterlegt.

Das ist kein Zufallsergebnis. Auch vor der Baisse im August und September 2011 hat der Banken-Index bereits am 3. Juni 2011 ein Warnsignal gegeben.

Ein Anleger, der nach den Kauf- und Verkaufssignalen des Banken-Index seit Ende 1997 immer den Eurostoxx50-Index gekauft und verkauft hätte, hätte aus 100 Euro Anlagekapital in 16 Jahren 224,23 Euro gemacht, was einer Durchschnittsrendite von 5,2 Prozent jährlich entspricht. Ein Daueranleger im Eurostoxx50 hätte, wie erwähnt, nur

1,4 Prozent Durchschnittsrendite im gleichen Zeitraum erzielt.

9.11 Achten Sie bei der Aktienauswahl auf die relative Stärke der Aktie!

In unseren Sprechstunden und durch E-Mails erfahren wir immer wieder, dass sich Anleger aufgrund von niedrigen Kurse einzelner Aktien, insbesondere von Nebenwerten, zu Käufen hinreißen lassen, die sie später bitter bereuen.

Freilich war es etwa im Jahr 2013 schwierig, nach den rasanten Index-Steigerungen noch preiswerte und gute Aktien zu finden. Aber tiefe Kurse und günstige KUV- und KBV-Werte allein genügen nicht. Die Aktien, die man kauft, müssen unbedingt relative Stärke aufweisen. Die »relative Stärke« (RS) der Aktien ist sehr wichtig, deshalb geben wir sie in unseren Publikationen auch ausführlich in Tabellenform an.

Abb. 42: Beispiel Loewe-Aktien

Da kauft zum Beispiel jemand Mitte April 2013 den Fernsehgeräte-Hersteller Loewe zu 3,05 Euro aufgrund eines KUV von 0,14 und eines KBV von 0,56. Es könne doch nicht verkehrt sein, die Aktie, die jetzt so »billig« ist und weit unter dem Buchwert notiert, ins Depot zu nehmen, meint er. Dass die Aktie auf Platz 80 (von 84) der deutschen Nebenwerte liegt, sieht er (leider) als positives Zeichen. Denn man müsse ja die Aktien »unten« kaufen, und nicht dann, wenn sie »vorne« liegen; dann sei es ja zu spät.

Ja, leider ist diese Denkweise bei unerfahrenen Anlegern sehr verbreitet. Aber es ist ja nie zu spät, seine Erfahrungen zu machen.

3,05 Euro kostete die Aktie Mitte April 2013. Am 26. April stürzte sie bis auf den Kurs von 1,86 Euro ab! Im Januar 2014 war Loewe am Ende, zumindest mit seinen bisherigen Aktien. Fazit: Ein »billiger Kauf« war das Mitte April 2013 sicher nicht.

Ein anderes Beispiel ist die holländische KPN, ein Telefonwert. Am 12. April lag diese Aktie ebenfalls bei 3 Euro. Das erschien einem Anleger sehr billig, angesichts der Tatsache, dass diese Aktie selbst auf dem Höhepunkt der Finanzkrisen-Baisse im Oktober 2008 noch über 10 Euro gekostet hatte.

Dass die Aktie damals zu den relativ schwächsten der Niederlande zählte, wischte er mit der Bemerkung weg, dass ein Telefonwert ja kaum ein besonderes Risiko sein könne. Mittlerweile fiel die Aktie unter 1,50 Euro. Erst danach setzte eine Erholung des Kurses ein.

Ein drittes Beispiel: Im Vertrauen darauf, dass Immobilienwerte jetzt doch teilweise wieder sehr gefragt sind, orderte ein Anleger Mitte April die IVG zum Kurs von 0,80 Euro. Mitte 2007 hatte die Aktie noch 30 Euro gekostet.

Abb. 43: Beispiel KPN-Aktien

Mitte April 2013 lag das Kurs-Buchwert-Verhältnis nur noch bei 0,17. Das heißt, dass der Buchwert der Aktie fast sechsmal so hoch war wie der Börsenwert. Also nichts wie kaufen, oder?

Ein Blick auf die relative Stärke der Aktie, zum Beispiel in der Liste der *Börsensignale* vom 15.4.2013 hätte genügt, um vorsichtig zu sein: Die Aktie lag in der Liste der deutschen Nebenwerte auf dem vorletzten Platz der Relative-Stärke-Liste!

Abb. 44: Beispiel IVG-Aktien

Das Verhängnisvolle bei Nebenwerten ist, dass man von ihnen oft lange nichts hört. Monatelang findet man auch in guten Tageszeitungen nichts darüber, warum eine Aktie im Kurs so weit zurückbleibt. Aber kommt die Nachricht erst einmal heraus, ist es meist zu spät. Dann hat die Börse schon zugeschlagen. Die schlechte Platzierung in den Relative-Stärke-Listen ist wirklich oft die letzte Warnung.

Inzwischen waren Meldungen zu IVG da. Ein Analyst schrieb, dass die Quartalszahlen von IVG wegen Wertberichtigungen unter den Erwartungen lägen. Doch das hilft unserem Anleger nicht mehr. Die Aktie lag im Februar 2014 nur noch bei 0,08 Euro.

9.11.1 Relative Stärke und die Aussichten eines Unternehmens

Alle drei Monate präsentieren die Unternehmen die Zahlen zum vergangenen Quartal und obendrein – für die Börse nicht minder wichtig – ihre Ausblicke auf die kommenden Monate. Diese Ausblicke dienen den Anlegern als Orientierung, wie sich die Zukunft des Unternehmens und damit auch die Bewertung der jeweiligen Aktie gestalten *könnte.* Denn es handelt sich hierbei lediglich um eine momentane, *punktuelle* Einschätzung; in einigen Monaten kann sich das Bild wieder völlig gewandelt haben, wenn beispielsweise die Aufträge wegbrechen oder auch anziehen.

Um ständig auf dem Laufenden zu bleiben und die Aussichten eines Unternehmens realistisch abschätzen zu können, müsste man immer im engen und vertrauensvollen Kontakt mit der Unternehmensleitung stehen, die Bilanzen genau überprüfen und obendrein ein Experte der entsprechenden Branche sein. Es ist offenkundig, dass dies bestenfalls große Finanzinstitute leisten können; für den Privatanleger ist dies völlig unmöglich.

Woher soll man also wissen, ob in einem Unternehmen zukunftsweisende Ideen geboren werden? Und wer kann beurteilen, ob diese Ideen auch in neue und erfolgreiche Produkte umgesetzt werden? Auch die Zahlen, die bilanztechnisch überprüfbar sind, wie Umsatzrenditen oder Wachstum, geben eben noch keinen hinreichenden Beleg, dass sich dies in Zukunft auch fortsetzen und von der Börse weiterhin anerkannt werden wird. Hohe Wachstumsraten des vergangenen Quartals können in der Folge auch ebenso gut wieder nachgeben. Gerade auch dann, wenn die Wirtschaft »brummt«, kann das betreffende Unternehmen darunter leiden, dass seine Wachstumsraten alsbald viele neue Konkurrenten anlocken. Oder all die guten Unternehmenszahlen und Erwartungen sind schon längst in übertriebenem Maße in den Kursen enthalten, sodass die entsprechende Aktie erstens schon sehr teuer und damit anfällig für Rückschläge ist, und zweitens der Kurs gar nicht mehr sonderlich steigen wird.

Aus all diesen Gründen stellt eine gute relative Stärke (RS) das notwendige Kriterium bei unserer Aktienauswahl dar.

Relative Stärke
bedeutet, dass die Aktie gut im Trend liegt und im Vergleich innerhalb einer Branche oder eines Landes ganz weit vorn steht.

Die RS ist deswegen von besonderer Bedeutung, weil viele Kriterien, nach denen ein Unternehmen beurteilt werden sollte, mit ihrer Hilfe bereits abgedeckt sind. Der Grund: Das Wissen und die Erwartung von Insidern, Großaktionären und Experten fließt in den Aktienkurs ein, und daher gibt es erfahrungsgemäß meist gute Gründe dafür, wenn eine Aktie relativ stark ist! Am 20. Juli 2012 hatten wir zum

Beispiel den niederländischen Elektrokonzern Philips aufgrund der RS und günstiger Bewertung empfohlen. In der darauffolgenden Woche war der Konzern wegen guter Bilanzen zeitweise der einzige Wert im Eurostoxx50, der zulegen konnte.

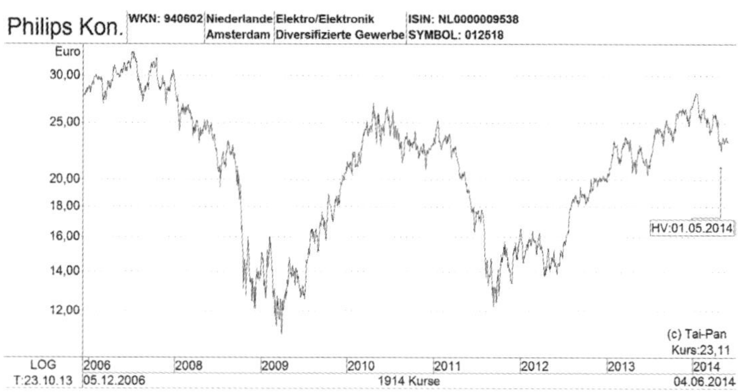

Abb. 45: Beispiel Philips-Aktien: Mit guten Quartalsbilanzen hatte Philips seine zuvor beginnende relative Stärke seit Ende Juli 2012 gerechtfertigt.

Doch ab wann ist eine Aktie relativ stark? Hierfür betrachten wir den 15-Monats-Durchschnitt einer Aktie und schauen, ob der aktuelle Kurs ober- oder unterhalb dieses Durchschnitts notiert.

Die Berechnung lautet:

Aktueller Kurs (in Euro!) x 100 geteilt durch den 15-Monats-Durchschnitt der Aktie

Beträgt die relative Stärke also 126, so bedeutet das, dass die Aktie 26 Prozent über ihrem 15-Monats-Durchschnitt notiert.

Freilich ist auch die relative Stärke nicht unfehlbar, denn auch die Kenner täuschen sich hin und wieder. Oder es gab ohnehin ganz andere Gründe für den möglicherweise nur kurzfristigen Kursanstieg. Aber wenn man seine Investitionen nicht nur auf wenige Länder, Branchen oder Unternehmen konzentriert, sondern einigermaßen ausgewogen verteilt, lässt sich ein Fehlsignal der relative Stärke im Einzelfall auch verschmerzen.

Obendrein sollte man sich grundsätzlich nicht nur auf die relative Stärke (RS) verlassen, sondern unbedingt auch auf den Preis schauen, also die Bewertung nach KUV und KBV! Denn insbesondere nach starken Kurssteigerungen sind die Kurse mitunter einfach bereits ausgereizt. Wenn eine Aktie also etwa in der Spätphase einer Hausse zwar noch relativ stark, aber nach unseren Kriterien schon teuer ist, sollte man von einem Kauf besser absehen.

9.12 Misstrauen gegen den Monat September

Wenn in der Wirtschaft und in der Politik keine neuen Themen auftauchen, die Anlass zur Sorge geben, kann es auch der Kalender sein. Besonders die Monate August und September gelten als Krisenmonate, vor denen man sich in Acht nehmen muss. Ist da etwas dran?

Der in Verruf geratene Monat September hat sich, bedingt auch durch die Wende im Syrienkonflikt, im Jahr 2013 ganz börsenfreundlich verhalten. Aber wie war es vorher? Das Interessante ist nämlich, dass er meist dann besonders schwach war, wenn die Medien diesem Thema wenig Beachtung schenkten. Thematisierten sie den gefährlichen Monat September, passierte meist nichts.

Warum dieser Monat im längerfristigen Vergleich so schlecht abschneidet, ist eigentlich nicht klar. Die Ferien sind weltweit meist vorbei, sodass das Argument, in der Urlaubszeit wolle man sich nicht mit den Börsen befassen, entfällt. Es könnte damit zusammenhängen, dass die Fondsstatistiken häufig auf Quartalsergebnisse eingestimmt sind und Fonds daher erst mit dem Monat Oktober wieder neu disponieren.

Dass der Börsenmonat September der schlechteste ist, geht zumindest aus einer Statistik der letzten 15 Jahre hervor. Wir haben untersucht, welche Reihenfolge sich statistisch seit 1998 für Anleger im S&P 500, im DAX und im SMI ergeben hat. Die Ergebnisse für die drei Länder-Indizes haben wir kombiniert. Der beste Monat steht oben, der schlechteste unten:

April
Dezember
Oktober
März
November
Januar
Mai
Juli
Februar
Juni
August
September

Die Unterschiede zwischen den drei Ländern waren nicht groß. In der Schweiz war der Juni noch schlechter als der August und der September. In den USA lagen März und Dezember am besten, in Deutschland nahm überraschend der Oktober hinter dem April Platz 2 ein.

Apropos Oktober: Dieser Monat hatte früher einen ganz schlechten Ruf und war als Crash-Monat bekannt. Tatsächlich haben sich heftige und unerwartete Kurszusammenbrüche meist im Oktober ereignet, zum Beispiel 1929, 1987, 1989, 1997 und 2008. Trotzdem muss der Oktober statistisch jetzt insgesamt als ein sehr freundlicher Börsenmonat angesehen werden.

Auffallend ist das schlechte Abschneiden des Monats Februar, vor allem in Deutschland (drittschlechtestes Ergebnis nach September und August). Ist das mit einer »Investitionspause« nach den Käufen im Januar zu erklären, wie manche Börsianer vermuten? Wohl kaum. Denn auch der Monat Januar hat in den letzten 15 Jahren seine Spitzenwerte von früher nicht bestätigen können; in den USA lag er kaum besser als der Februar.

9.12.1 Verkauf Ende Mai, Kauf Ende September?

Die Tatsache, dass die vier Monate Juni bis September alle gleichermaßen schlecht abschneiden, legt nahe, zu untersuchen, ob man künftig nicht der Einfachheit halber mit einem Teil seines Aktiendepots nach folgender Regel verfahren könnte:

Verkaufe am letzten Freitag im Mai, kaufe zurück am letzten Freitag im September!

	Daueranlage jährliche Rendite	ohne Juni bis September
DAX	4,4 Prozent	10,4 Prozent
S&P 500	3,6 Prozent	6,3 Prozent
SMI	1,7 Prozent	5,0 Prozent

Ergebnisse der Saison-Methoden in 3 Ländern von 1998 bis September 2013

Schauen wir die letzten 16 Jahre an, so kann man eindeutig feststellen, dass es sich jedenfalls lohnt, auf Saisoneffekte zu achten.

Es bleibt aber dabei: Dies ist nur *ein* Gesichtspunkt, der für sich allein noch nicht zu heftigen Reaktionen führen sollte. Man könnte aber einen Teil seines Aktiendepots darauf abstimmen. Das aktuelle Signal der Saison-Methode: **www.boersensignale.de/sparerfibel/index.html.**

10. Gewinn machen an steigenden und fallenden Aktienmärkten

In diesem Kapitel erfahren Sie etwas über Hebelprodukte, Long & Short Engagements, und wie risikobereite Anleger auch an fallenden Märkten verdienen können.

Wenn Sie die Entwicklung der Aktienmärkte über die letzten 100 Jahre einmal betrachten, so können Sie feststellen, dass es nicht nur Aufwärtsbewegungen gegeben hat, sondern auch einige starke Abwärtsbewegungen, sowohl zeitlich als auch prozentual, siehe den Dow-Jones-Industrial-Index seit 1901. Normalerweise verliert ein Anleger in Aktien in der Abwärtsbewegung. Wenn er zudem das Pech hatte, gerade kurz vor einem Rückgang (Crash) an der Börse eingestiegen zu sein, so kann durchaus die Hälfte oder noch mehr seines Kapitals verloren gehen. Um dies erst einmal wieder aufzuholen, braucht es danach eine Verdoppelung seiner Aktien!

Abb. 46: Chart des Dow-Jones-Industrial-Index von 1901 bis heute

Wenn Sie jedoch die Ratschläge und Vorgehensweisen in diesem Buch befolgen, dann sollten Sie in der Lage sein, Börsenfallen und Richtungswechsel rechtzeitig zu erkennen. Wir von der Redaktion *Börsensignale* (www.boersensignale.de) haben Methoden und Systeme entwickelt, die einen wahrscheinlichen Crash anzeigen. Wenn wir also ein System haben, das einen Crash mit einer Trefferwahrscheinlichkeit von über 70 Prozent vorhersagen kann, so lohnt es sich auch darüber nachzudenken, wie man an einem fallenden Markt verdienen kann. Es gibt zahlreiche Finanzinstrumente, die dafür geeignet wären. Hier soll beispielhaft erklärt werden, wie dies mit einem Indexzertifikat auf den DAX funktioniert. Als Signalgeber nehmen wir das Nasdaq-Utility-DAX-System.

10.1 Was sind Zertifikate und wie funktionieren sie?

Zertifikate zählen zu den strukturierten Finanzprodukten. Sie werden von Banken herausgegeben. Zertifikate stellen für Privatanleger eine Möglichkeit dar, Anlagestrategien zu verfolgen und in verschiedene Anlageklassen zu investieren.

Der Handel findet an der Börse oder außerbörslich direkt mit den emittierenden Banken statt. Das erste jemals emittierte Zertifikat war im Juni 1990 ein Index-Zertifikat der Dresdner Bank auf den DAX.

Grundsätzlich raten wir davon ab, mit Hebelprodukten zu spekulieren. Damit können Sie zwar die Wirkung Ihres eingesetzten Kapitals vervielfachen (»Hebel«), doch gilt das auch umgekehrt, wenn Sie Verluste machen! Wir haben die Erfahrung gemacht, dass der Anleger dabei immer wieder vergisst, dass er mit einem relativ geringen Kapitaleinsatz ein Vielfaches an Kapital bewegt. So kann bei einer Schieflage schnell einmal der Einsatz verspielt sein. Sie sollten also immer nur das Kapital dafür einsetzen, auf das Sie auch jederzeit verzichten können. Ganz wichtig ist es, bei der Spekulation ein bewährtes System für Kauf und Verkauf zu benutzen und die Signale auch strikt zu befolgen. Das System sollte mindestens auf 30 Jahre zurück getestet sein, wenn möglich länger. Dann kann man sich zumindest auf historischer Basis ein Bild machen, wie riskant die Anlage ist. Die historischen Daten liefern zum Beispiel den maximalen Verlust, der im gemessenen Zeitraum entstanden wäre. Diesen Betrag muss man auf jeden Fall zur Verfügung haben, um eine Spekulation zu beginnen. Mit dem Hebel hat man ein weiteres wichtiges Instrument, um das Risiko entweder zu erhöhen oder sogar so zu minimieren, dass es nicht größer ist, als wenn wir 1:1 in eine bzw. mehrere, in diesem konkreten Fall in die 30 DAX-Aktien, investieren würden. Dann nämlich, wenn wir den Hebel auf 1 setzen. Dies wäre dann vergleichbar mit einem DAX-Index-Fonds.

Es gibt verschiedene Arten von Zertifikaten. Um Anlagestrategien auf steigende und fallende Aktienmärkte umzusetzen, eignet sich am besten das sogenannte Hebel-Zertifikat (auch: Turbo- oder Knock-out-Zertifikat, Mini-Futures). Dies soll hier kurz und einfach an einem Beispiel beschrieben werden.

Strategie: Ich möchte an einem steigenden DAX überproportional verdienen. Sagen wir: Wenn der DAX 10 Prozent zulegt, möchte ich 100 Prozent Gewinn machen. Dazu wähle ich ein Zertifikat auf den DAX mit Hebel 10 (Long-Zertifikat). Mein Einsatz beträgt 1000 Euro. Der DAX-Index steigt um 10 Prozent, das Zertifikat steigt um das 10-Fache (Hebel 10) und hat nun einen Wert von 2000 Euro.

Das Risiko besteht darin, dass der DAX nicht wie gewollt steigt, sondern fällt. Fällt er nur um 10 Prozent, so beträgt der Verlust 100 Prozent. Die Bank wird das Zertifikat automatisch verkaufen, noch bevor das Papier wertlos wird. Dies ist der sogenannte Knock-out oder auch Stopp-Loss-Kurs.

Diese Strategie lässt sich ebenso auch für die Spekulation auf fallende Kurse einsetzen. Dazu kaufe ich das entsprechende Zertifikat (Short-Zertifikat).

Eine sehr gute Beschreibung mit Simulationsmöglichkeiten finden Sie auf den Webseiten der Royal Bank of Scotland, **http://markets.rbs.de/Mini-Futures.**

10.2 Das Nasdaq-Utility-DAX-System (Index-Trend-Methode)

Schon im vorigen Kapitel wurde im Abschnitt ein System beschrieben, das auf den beiden US-amerikanischen Indizes Nasdaq Composite und Dow Jones Utility sowie auf dem deutschen DAX beruht und zur Trendbestimmung der europäischen Aktienmärkte bestens geeignet ist. Wie erwähnt, ist der Nasdaq Composite ein Technologie-Index, in dem auch viele neu gegründete Unternehmen enthalten sind, deren Substanz oft nur aus einer Idee oder einem Technologiekonzept besteht. Deshalb unterliegen solche Aktien und auch der dazugehörige Index heftigen Schwankungen, die man als Signal für steigende oder fallende Börsen gut gebrauchen kann.

Der Dow-Jones-Utility-Index ist dagegen ein sehr träger Index, er enthält vorwiegend Energieversorger, deren Gewinne in der Regel nicht stark schwanken. Er ist deshalb ein berechenbarer Faktor dafür, ob Aktien gegenüber Zinspapieren eher über- oder unterbewertet sind. Deshalb gab dieser Index mit seinen »langweiligen« Aktien meist sehr viel schneller die künftige Richtung der Aktienmärkte vor, als etwa der Dow Jones Industrial oder der S&P 500.

Für den europäischen Markt ergänzt man die zwei Indizes noch um den deutschen DAX. Damit hat man drei Indizes, von denen jeder für sich ein Kaufsignal oder ein Verkaufssignal generieren kann, je nachdem ob ein neues Hoch oder ein neues Tief erreicht wird. Die Summe der Signale ergibt dann das eigentliche Signal, auf das Sie reagieren und je nachdem auf einen steigenden oder fallenden DAX-Index setzen können. Eine genauere Beschreibung des Systems mit den einzelnen Parametern finden Sie auf **http://www.boersensignale.de/sparerfibel/index.html.**

Manchmal werden wir von unseren Lesern gefragt, warum unsere Signale auf neuen Hochs und Tiefs statt zum Beispiel auf gleitenden Durchschnitten beruhen. Das hat ganz einfach seinen Grund darin, dass auf ein neues Hochs meist weitere Hochs folgen, ebenso auf ein neues Tief weitere Tiefs.

Die Frage ist also nun, ob sich dieses System, das auf drei Aktienindizes beruht und sich gut bewährt hat, nicht auch verwendet werden kann, um bei Verkaufssignalen einzusteigen und auf fallende Aktienmärkte zu setzen. Wie die folgende Grafik zeigt, sind die Möglichkeiten, an fallenden Aktienmärkten zu verdienen, seit 2009 nicht gerade sehr groß gewesen. Aber es gab auch andere Zeiten, in denen mutige Anleger mit fallenden Kursen sehr viel Geld verdienen konnten. Ob man sich auf dieses schwierige Parkett wagt, ist natürlich eine Zeitfrage, dazu auch eine Sache von guten Nerven.

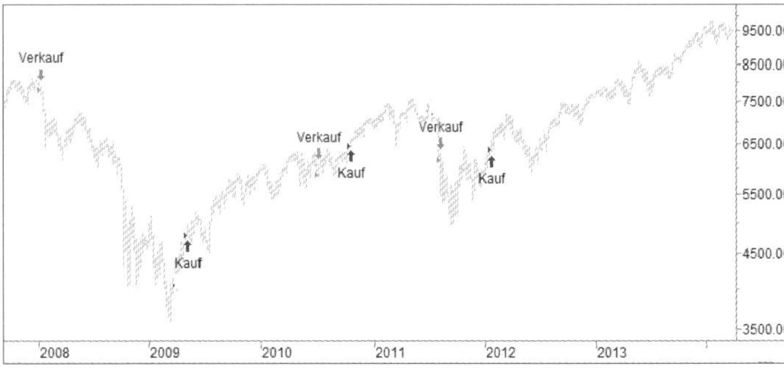

Abb. 47: DAX-Index seit Ende 2007 bis Anfang 2014 mit Kauf- und Verkaufssignalen des Nasdaq-Utility-DAX-Systems

Wie müsste man nun vorgehen, wenn man konsequent sowohl mit steigenden als auch mit fallen Kursen handeln wollte?

Nachfolgend sehen Sie eine Tabelle mit den einzelnen Signalen und der Wertentwicklung für einen Anleger, der im Jahr 1993 angefangen hätte, bei jedem Signalwechsel 1000 Euro in ein Zertifikat zu investieren. Bei einem Kaufsignal wurde ein Long-Zertifikat gekauft, bei einem Verkaufssignal ein Short-Zertifikat. Es wurde kein Zinseszins-Effekt berücksichtigt, auch bei einem Gewinn wurde immer wieder mit 1000 Euro begonnen. Es wurde ein DAX-Endlos-Zertifikat (open end) gewählt mit einem Hebel von 4. Der Hebel wurde deshalb so niedrig gewählt, weil damit sichergestellt wurde, dass das gekaufte Zertifikat zumindest in der Vergangenheit niemals wertlos geworden wäre. Dies ist also eine sehr vorsichtige Herangehensweise.

Nasdaq Composite – Dow Jones Utility – DAX – System				
Basiswert	DAX-Index			
System	NUDAX	Rendite Hebel 4		Rendite Hebel 10
Theoretischer Einsatz Euro		1000		1000
Jahr	G/V (Euro)	in Prozent	G/V (Euro)	in Prozent
2013	1234	123 %	3086	309 %
2012	451	45 %	1128	113 %
2011	-283	-28 %	-708	-71 %
2010	-230	-23 %	-576	-58 %
2009	897	90 %	2241	224 %
2008	1285	129 %	3213	321 %
2007	1969	197 %	4923	492 %
2006	1592	159 %	3980	398 %
2005	1543	154 %	3857	386 %
2004	472	47 %	1181	118 %
2003	1133	113 %	2832	283 %
2002	1345	134 %	3362	336 %
2001	738	74 %	1845	185 %
2000	243	24 %	607	61 %
1999	1535	153 %	3836	384 %
1998	1310	131 %	3274	327 %
1997	2461	246 %	6151	615 %
1996	1170	117 %	2924	292 %
1995	285	28 %	711	71 %
1994	-260	-26 %	-650	-65 %
1993	1983	198 %	4958	496 %
Summe	20 871	2087 %	52 176	5218 %

Innerhalb des getesteten Zeitraumes hätte ein Anleger in Summe 20 871 Euro verdient. Zum Vergleich sehen Sie auch die Berechnung bei Kauf und Verkauf für ein Zertifikat mit

Hebel 10. Dabei müssen Sie jedoch beachten, dass das Zertifikat innerhalb des Testzeitraums auch einige Male wertlos wurde, also der Stopp-Kurs erreicht wurde. Es musste also ersetzt werden durch einen erneuten Kauf.

11. Schlusswort

Sie haben nun einige Hinweise bekommen, wie Sie Ihr Geld profitabel anlegen können. Die wichtigsten Finanzinstrumente haben Sie kennengelernt und können diese auch auf Ihr Risiko übertragen und in diesem Rahmen beurteilen. Anlegerfallen werden Sie erkennen und schlechten Beratern aus dem Weg gehen. Auch in der nun schon länger andauernden Niedrigzinsphase gibt es Möglichkeiten, sein Geld sicher und mit einer angemessenen Rendite anzulegen.

Die heute in der breiten Öffentlichkeit als spekulatives Produkt angesehene Anlageform Aktie ist bei genauer, nüchterner Betrachtung und Analyse das Finanzprodukt der Wahl. Alternativen gibt es zurzeit leider keine, wenn Sie eine Rendite mit Ihrer Geldanlage erzielen wollen. Das Risiko der Aktie wird oft als viel zu hoch eingeschätzt. Im Grunde beteiligen Sie sich aber mit dem Kauf einer Aktie an einem Unternehmen. Damit sind Sie Anteilseigner und besitzen einen Substanzwert.

Wenn Ihnen von sogenannten Fachberatern, Experten oder Bankberatern etwas empfohlen wird, seien Sie äußerst skeptisch, oft verbirgt sich dahinter reines Verkäuferinteresse.

Krisen, Terroranschläge und sonstige Katastrophen wird es immer geben. Als Anleger dürfen Sie sich dadurch nicht beirren lassen und vor allem nicht mit überstürzten Verkäufen darauf reagieren.

Rohstoffe, inklusive Gold, sowie Immobilien und andere alternative Anlageformen dienen lediglich zur Risikostreuung. Eine Rendite sollten Sie nicht erwarten.

Eine Aktie eines deutschen Großunternehmens ist sicherer als manche Staatsanleihe. Es braucht also nur ein wenig zusätzliches Wissen, um mit Aktienanlagen nicht in eine Schieflage zu geraten. Die wesentlichen Kriterien zur Aktienauswahl konnten wir vermitteln, ohne dass dafür ein Börsengrundwissen vorausgesetzt wurde. Ebenso lernten Sie einige, auch für Laien nachvollziehbare Systeme und Methoden kennen, mit deren Hilfe Sie erkennen können, wann ein Aktienmarkt zu kippen droht, also von einer Hausse in eine Baisse übergeht. Sie können nun sogar eine Beurteilung darüber abgeben, ob ein Aktienmarkt gerade hoch oder eher niedrig bewertet ist.

Fragt Sie jemand nach einer Konjunkturprognose, so erinnern Sie sich an den Konjunkturindikator, die Zinsstrukturkurve, die Ihnen anzeigt, ob die Gefahr einer Rezession droht. Sie zeigt Ihnen ebenso an, wann sich ein Konjunkturaufschwung anbahnt. Damit können Sie also in Zukunft Ihre Meinung mit den zahlreichen Meinungen der Experten und Medien vergleichen. Sie werden feststellen, wie häufig von vielen Fachleuten Fehlprognosen abgegeben werden.

Im letzten Kapitel haben wir Ihnen außerdem noch gezeigt, dass Sie mit getesteten Systemen sogar das eine oder andere spekulative Investment eingehen können, solange Sie sich strikt an die Signale halten und nur verzichtbares Kapital dafür einsetzen.

Wir hoffen, dass wir Ihnen Mut gemacht haben, sich selbst ein Aktiendepot zusammenzustellen, die Aktienauswahl zu treffen und die Kauf- und Verkaufszeitpunkte selbst zu bestimmen. Wir werden Sie dabei mit unseren Arbeiten und Publikationen bestmöglich unterstützen.

Ein Hinweis zum Schluss
Wir haben dieses Buch bewusst kurz gehalten. Deshalb stellen wir Ihnen für eine gewisse Zeit kostenlos zusätzliche aktuelle und ergänzende Informationen zur Verfügung. Diese finden Sie auf unseren Webseiten. Dort haben wir einen geschützten Bereich eingerichtet der für den »normalen« Besucher nicht sichtbar ist. Sie gelangen dorthin über die Internetadresse: **http://www.boersensignale.de/sparerfibel/index.html.** Wir verweisen in den einzelnen Kapiteln darauf.

Biografien

Uwe Lang beschäftigt sich seit fast 40 Jahren intensiv mit dem Geschehen an den Börsen und gibt seit über 25 Jahren einen der erfolgreichsten Börsenbriefe Deutschlands heraus, die Börsensignale. Im FinanzBuch Verlag hat er bereits Die besten Aktienstrategien veröffentlicht.

Klaus Haidorfer studierte Ingenieurswissenschaft und Betriebswirtschaft. Seit seiner Jugend beschäftigt er sich mit dem Thema Geldanlage, seit 1991 hauptberuflich. Er ist seit mehr als 20 Jahren Geschäftspartner von Uwe Lang und Geschäftsführer der SWISSINVEST.

Martin Blaschke studierte Politikwissenschaft in Berlin und arbeitete 10 Jahre als Journalist bei PPS Presse Programm Service / TV-SETzen. Im Jahr 2007 wechselte er in die Redaktion des von SWISSINVEST verlegten Börsenbriefs Börsensignale.

Mehr von den Autoren:

Die Autoren sind auch Herausgeber des Börsenbriefes »Börsensignale«, der 14-tägig erscheint. Uwe Lang ist Chefredaktor dieser Finanzpublikation und berät die Firma SWISSINVEST in allen Belangen der Finanzdienstleistungen. Ein Probeabo und weitere Informationen erhalten Sie bei:

SWISSINVEST
Hertensteinstrasse 77
CH-6353 Luzern/Weggis
Fax: 0041-41-3605781
eMail: info@boersensignale.de
Web: www.boersensignale.de

Wollen Sie Uwe Lang persönlich schreiben, senden Sie eine eMail an: u.lang@boersensignale.de

Stichwortverzeichnis

K

L

M

N

V

W

Z

Risiko- und Money-Management simplified

Wieland Arlt

Für jeden Trader ist ein professionelles Risiko- und Money-Management unverzichtbar, um Trading-Ergebnisse dauerhaft und nachhaltig zu verbessern. Im Eifer des Tradings wird das oft vernachlässigt. Deshalb stellt Wieland Arlt in seinem Buch einfache Methoden vor, die in der Praxis mit wenig Aufwand umzusetzen sind.

Er stellt für unterschiedliche Handelsstile verschiedene Konzepte vor, sodass kurz- und mittelfristig orientierte Trader von der Planung eines Trades bis hin zur Wahl des passenden Finanzproduktes individuell begleitet werden. Wieland Arlt gibt praxisnahe Hinweise und demonstriert, dass ein professionelles Risiko- und Money-Management Tradingerfolg planbar macht.

200 Seiten I 14,99 € (D) I Broschur I ISBN 978-3-89879-860-0
Mehr Informationen zu Investmentthemen finden Sie unter www.portfoliojournal.de

Kümmer Dich um dein Geld, sonst tun es andere

Matthias Kröner I Stephan Czajkowski

Die Finanzkrise hat uns schmerzlich vor Augen geführt, dass die eigene Beschäftigung mit Geld ohne Alternative ist. Dabei sind 15 Minuten Zeit in der Woche und eine Internetverbindung alles, was man für einen vernünftigen Umgang mit den persönlichen Finanzen braucht. Matthias Kröner und Stephan Czajkowski, Top-Experten im Bereich Online-Banking, wissen wie es geht.

320 Seiten I Broschur I 14,99 € (D) I ISBN 978-3-89879-795-5
Mehr Informationen zu Investmentthemen finden Sie unter www.portfoliojournal.de